COOPERAÇÃO JURISDICIONAL

Reenvio prejudicial: um mecanismo de
Direito Processual a serviço do
Direito Comunitário

Perspectivas para sua adoção no Mercosul

S162c Saldanha, Jânia Maria Lopes
        Cooperação jurisdicional: reenvio prejudicial: um mecanismo
    de direito processual a serviço do direito comunitário: perspecti-
    vas para sua adoção no Mercosul / Jânia Maria Lopes Saldanha.
    — Porto Alegre: Livraria do Advogado, 2001.
        144p.; 16x23 cm.

        ISBN 85-7348-200-1

        1. Reenvio prejudicial: Processo civil. 2. Direito comunitário.
    3. Mercosul. 4. Cooperação internacional. I. Título.

                                        CDU – 347.9:339.923

        Índices para o catálogo sistemático

        Reenvio prejudicial: Processo civil.
        Direito comunitário.
        Mercosul.
        Cooperação internacional

    (Bibliotecária responsável: Marta Roberto, CRB-10/652)

Jânia Maria Lopes Saldanha

COOPERAÇÃO JURISDICIONAL

Reenvio prejudicial: um mecanismo de Direito Processual a serviço do Direito Comunitário

Perspectivas para sua adoção no Mercosul

Porto Alegre 2001

© Jânia Maria Lopes Saldanha, 2001

Capa
APIS - Estúdio de Criação Publicitária

Projeto gráfico e diagramação
Livraria do Advogado Editora

Revisão
Rosane Marques Borba

Direitos desta edição reservados por
Livraria do Advogado Ltda.
Rua Riachuelo, 1338
90010-273 Porto Alegre RS
Fone/fax: 0800-51-7522
info@doadvogado.com.br
www.doadvogado.com.br

Impresso no Brasil / Printed in Brazil

À minha família, cujo amor incondicional ajudou-me a concretizar esta obra.

À memória de meu irmão, Paulo Jeferson.

Chegado aqui, onde hoje estou, conheço
que sou diverso no que informe estou.
No meu próprio caminho me atravesso.
Não conheço quem fui no que hoje sou.

FERNANDO PESSOA

Prefácio

A Professora Jânia Maria Lopes Saldanha destacou-se, desde sua chegada na Universidade Federal de Santa Maria, não somente pela competência didática, mas igualmente pela visão aberta e engajada que tem de sua disciplina, o direito processual civil. Foi incentivada por todos nós, professores do Mestrado em Integração Latino-Americana, a voltar o seu grande talento em direção do direito processual internacional, tão carente de estudos e reconhecimento em nosso país. Com grande alegria a recebemos como a aluna aplicada que foi, mas com ainda maior entusiasmo acompanhamos a escolha do tema, a elaboração e a defesa dessa dissertação de Mestrado, hoje livro, que apresenta aos leitores brasileiros o fascinante instituto do reenvio prejudicial.

Por que fascinante? Uma das grandes questões colocadas pela intensificação das relações jurídicas entre cidadãos de diferentes Estados – que já é uma realidade, mas que será, em breve, a tônica do direito em praticamente todo o globo – é precisamente o fato de que o juiz se vê, cada vez mais freqüentemente, provocado a aplicar o direito de fonte internacional. Ora, os juízes de diferentes países correm o risco de atribuir à norma coletiva interpretações de todo diferenciadas. Com isso, uma mesma regra pode produzir efeitos diversos, senão antagônicos, no território dos Estados que quiseram, bem ao contrário, elaborar um marco jurídico comum.

Não é o magistrado o responsável por essa impropriedade. O caso do Mercado Comum do Sul, Mercosul, a quem a autora dedicou importante atenção, faz prova da impropriedade do atual sistema de aplicação do direito internacional, ainda mais grave quando se trata de um processo de integração econômica. Não é por acaso que o Mercosul vive mergulhado em sucessivas e cada vez mais profundas crises. É que os conflitos entre Estados são deixados ao sabor da política presidencial, e os conflitos entre particulares, abandonados à incerteza de tribunais arbitrais *ad hoc*, aliás tardios, ou lançados às mãos dos juízes que, na solidão do dever de prestar justiça, devem desvendar textos de tecnicidade e complexidade desafiadores.

Foi na União Européia, futura potência mundial, que a Professora Jânia buscou a tecnologia jurídica de ponta em matéria de direito processual internacional. O instituto do reenvio prejudicial, já conhecido no direito brasileiro quando uma questão prévia processual ou de mérito condiciona o resultado de uma demanda, foi transformado pelos europeus em mecanismo de cooperação jurisdicional internacional. É lá que mais de noventa por cento do direito das Comunidades Européias é aplicado pelos juízes nacionais de todas as instâncias.

Desse modo, o juiz nacional que tem dúvidas sobre o alcance de uma norma comunitária suspende a lide que tramita em sua jurisdição, e elabora questões prejudiciais que serão objeto de reenvio para que a Corte Internacional, no caso o Tribunal de Justiça das Comunidades Européias, sediado em Luxemburgo. O Tribunal de Luxemburgo interpreta a norma em tela, responde as questões formuladas pelo juiz e lhe devolve o processo para que aplique a norma interpretada ao caso concreto.

Ora, não seriam os processualistas os maiores "técnicos" do direito, os mais apegados formalistas, os menos afeitos à reflexão filosófica, os grandes nacionalistas que se prendem aos limites geográficos da jurisdição como os limites do próprio direito ?

A autora desse livro desmente esses preconceitos. A visão de soberania nacional que nutre é outra. Não se espelha na Europa em postura mimetista ou provinciana, mas reconhece, e isso é uma grandeza, que o direito precisa de tecnologia como em qualquer outra área. Limitar-se ao Estado nação acarretará, em breve, a inconsistência do direito processual. Se ele deve reunir os instrumentos para a prestação jurisdicional que é sua função, é preciso antes dominar os meios que possibilitam o cumprimento de sua missão mais ampla. O reenvio prejudicial é um deles.

Jânia Saldanha enfrentou vasta e árdua bibliografia, especialmente jurisprudência, em diversos idiomas, e para isso consumiu horas e horas a estudar inglês, francês, contencioso comunitário, cultura européia e teoria geral do processo.

É por isso que com grande eficiência apresenta nos dois primeiros capítulos dessa obra o que há de melhor na doutrina processualista comunitária sobre o reenvio prejudicial, revelando sua natureza e as complexas questões procedimentais que o cercam, sem fugir da polêmica que envolve numerosos postulados concernentes ao instituto.

Mas é no terceiro e no quarto capítulo que põe sua perspicácia reflexiva a mostrar que o reenvio foi o grande responsável pela consolidação da integração econômica na Europa (vejam só, e trata-se de um instrumento processual !) e a comprovar que o Mercosul poderia, sim, sem grandes rebuliços, adotar esse instituto e com isso consolidar sua ordem jurídica, tão carente de efetividade e credibilidade.

Do trabalho de pesquisa e de reflexão da autora resulta um texto didático, agradável, instigante, que informa e forma, confirmando no trabalho acadêmico a professora inesquecível que é. É a voz da processualista rigorosa e da intelectual aberta, formando a jurista completa. Afinal, de que adianta debater filigranas de procedimentos sem antes nos perguntarmos a que e a quem eles servem, como devem evoluir, quais são seus parâmetros de avaliação, que sociedade constroem ?

A Professora Jânia Saldanha rompe aquilo que Habermas chamou de "continuidades mentais", essas formas de pensar tão óbvias que afastam os juristas de sua essência, que os levam em direção do automatismo e, mais adiante, da frustração, deles e de todo um ideal de justiça.

Primeira contribuição relevante no Brasil sobre o reenvio prejudicial e, com isso, sobre a cooperação jurisdicional internacional, essa obra preenche importante lacuna em termos de conhecimento técnico, comporta ousadia remarcável de escolha temática em direito processual, configura o oferecimento de uma alternativa instrumental importante para o Mercosul, traz à doutrina jurídica uma nova autora que, esperemos, continuará a brindar-nos com seu talento, entusiasmo, coragem e privilegiada visão do homem e do mundo.

Santa Maria, julho de 2001.

Prof. Ricardo Seitenfus

Doutor da Universidade de Genebra, Suíça
Professor Titular do Curso de Direito e do
Mestrado em Integração da Universidade Federal de Santa Maria
Professor convidado do Instituto de Altos Estudos da América Latina da
Universidade de Paris III e do Instituto de Altos Estudos Internacionais
da Universidade de Genebra

Sumário

Introdução	12
1. O reenvio prejudicial na Europa	19
1.1. Uma breve análise sobre a formação da União Européia	19
1.2. Um instrumento processual a serviço da cooperação jurisdicional ...	22
1.2.1. A previsão legal	22
1.2.2. A terminologia	29
1.2.3. A questão prejudicial: um fenômeno de Direito Processual	32
1.2.4. De que matéria é feito e o que anima o reenvio prejudicial?	34
1.2.5. O reenvio prejudicial como responsável pela construção dos principais princípios do Direito Comunitário	37
1.2.5.1. Princípio da aplicabilidade direta ou imediata e a teoria do efeito direto	38
1.2.5.2. Princípio da primazia do Direito Comunitário	42
1.2.5.3. Reenvio prejudicial. Princípios. Um breve balanço	43
1.2.6. O papel do Tribunal de Justiça exercido através do reenvio prejudicial	45
2. Aspectos procedimentais e processuais: uma figura processual *sui generis*	49
2.1. A singeleza procedimental do reenvio prejudicial a serviço da integração	49
2.2. As grandes sentenças: a lapidação do instituto do reenvio prejudicial .	52
2.2.1. O órgão nacional autorizado a proceder ao reenvio prejudicial: o conceito de jurisdição	53
2.2.2. Objeto do reenvio prejudicial	58
2.2.2.1. Os reenvios em interpretação	58
2.2.2.1.1. A interpretação dos tratados constitutivos	59
2.2.2.1.2. A interpretação do Direito derivado	59
2.2.2.2. Os reenvios em apreciação de validade	62
2.2.3. Faculdade ou obrigatoriedade de reenviar?	64
2.2.4. Divisão de competências entre as jurisdições nacionais e o Tribunal de Justiça	70
2.2.4.1. O juiz nacional está obrigado a motivar a ordem de reenvio?	72
2.2.4.2. Outras hipóteses de não recebimento do reenvio prejudicial	74

2.2.5. Partes do processo principal: protagonistas ou coadjuvantes da cena do reenvio prejudicial? 75

2.2.6. A liberdade do Tribunal de Justiça para apreciar as questões apresentadas pela jurisdição nacional 75

2.2.7. A autoridade das decisões no reenvio prejudicial 76

2.2.7.1. Efeitos da decisão de reenvio *ratione temporis* 80

2.2.7.1.1. Decisões que constatam a invalidade 80

2.2.7.1.2. Decisões interpretativas 82

2.2.8. Possuem os juízes nacionais poder para declarar a invalidade dos atos e regras comunitárias? 84

3. A cooperação jurisdicional como garante da integração 87

3.1. As jurisdições nacionais em busca do Direito 90

3.1.1. Número de demandas: a estatística do Tribunal de Justiça 93

3.1.2. Tipos de demandas: a sua natureza material 96

3.1.3. Conseqüências do ponto de vista da "tradição nacional" dos juízes . 98

3.2. A consolidação do Direito Comunitário através do processo 99

3.2.1. A importância das grandes sentenças do Direito Comunitário: os reenvios 103

3.2.2. O papel do Tribunal de Justiça: quem são os beneficiários? 105

4. O reenvio prejudicial no Mercosul: alguns obstáculos 109

4.1. Análise de alguns fatores 109

4.1.1. A realidade do Mercosul: sistema supranacional ou intergovernamental? 109

4.1.2. Tribunal supranacional no Mercosul: *conditio sine qua non?* 114

4.1.3. Direito Constitucional e infraconstitucional brasileiro: é preciso mudar? 121

5. Considerações finais 127

Referências bibliográficas 136

Introdução

A realidade do mundo contemporâneo é o fim do isolacionismo entre os Estados que já marcou época no passado e foi responsável por fatos históricos que a humanidade pretende não repetir.

Experiência viva e marcante de integração entre países é a da União Européia, cujos povos convivem com a forma mais avançada de partilhamento de interesses comuns.

O modelo europeu tem sido seguido em outros espaços geográficos, respeitadas as especificidades de cada um. Exemplo disso é o Mercosul, o qual tem oportunizado uma maior aproximação entre os povos desta região da América Latina.

A peculiaridade destes processos de integração reside na potencialidade de criação de estruturas institucionais diferentes daquelas próprias dos Estados-Membros. Por vezes são superiores e autônomas a estes. Em outras circunstâncias, com os mesmos ainda mantêm uma relação de dependência.

De todo o modo, algumas das instituições que lhes dizem respeito, em regra, têm o poder de criar um corpo de normas cujo destino é a sua aplicação no espaço abrangido pela integração. Esta é a realidade da União Européia e do Mercosul, atentando-se, porém, para as naturais diferenças entre ambos.

Considerando, portanto, que a aplicação uniforme deste conjunto normativo é componente essencial para o sucesso e a evolução dos processos integracionistas às suas fases mais avançadas, é que se escolheu trabalhar com a figura do reenvio prejudicial.

Trata-se de uma figura de direito processual comunitário de largo uso pelas jurisdições dos Estados-Membros da União Européia, eis que responsável pela relação de cooperação existente entre estas e o Tribunal de Justiça da Comunidade Européia.

A finalidade desta relação cooperativa é garantir a aplicação e a interpretação uniforme do Direito Comunitário na Europa.

Cooperação Jurisdicional

Importante tem sido o papel desempenhado pelas duas jurisdições. Os reiterados julgamentos do Tribunal de Luxemburgo, ao longo do tempo, construíram e mantiveram as estruturas do processo integracionista na Europa. A realização deste intento ocorreu, sobremaneira, através do processo e de seus institutos, dentre eles o reenvio prejudicial.

No Mercosul, a existência de Órgãos com competência para garantir a aplicação e a interpretação uniforme do conjunto normativo já existente e do que virá e, de igual forma, instrumentos, de direito processual, hábeis a efetivar tal garantia, faz-se importante. Desta circunstância, como ocorreu na Europa, depende o sucesso do processo integracionista em nossa região.

Neste trabalho, então, analisam-se as grandes construções pretorianas do Tribunal de Justiça da Comunidade Européia em sede de julgamento de reenvio prejudicial e demonstra-se a relevância do mesmo para a edificação dos principais pilares da União Européia, para ao final, sugerir que a sua adoção contribuiria para a progressiva evolução do integracionismo no Mercosul.

A opção pelo estudo do modelo europeu deve-se, basicamente, a três razões:

a) é o único modelo em termos de cooperação jurisdicional entre as jurisdições dos Estados-Membros e outra que lhes é diferente e superior;

b) é um modelo que deu certo, pois contribuiu para a evolução do Direito Comunitário;

c) facilitou o acesso dos cidadãos à Justiça.

Assim, as obras doutrinárias e as decisões jurisprudenciais que foram utilizadas, no que atine ao reenvio, são, em sua ampla maioria, de procedência européia. Todas as traduções, portanto, foram realizadas pela autora, de forma livre, tendo por meta a compreensão da doutrina referida no contexto do trabalho.

A pesquisa realizada, com o objetivo de concluir da possibilidade ou não da adoção do reenvio prejudicial no Mercosul, também se embasou nos sistemas constitucionais dos quatro países que o compõem e no sistema processual civil brasileiro. Não foram analisados os sistemas processuais de Argentina, Paraguai e Uruguai.

O método utilizado neste trabalho, de acordo com o tipo de pesquisa adotado (legal e bibliográfica) é o indutivo, bem como o método comparativo na visualização do tema em contextos jurídicos, políticos e históricos distintos (União Européia e Mercosul). No que atine à reflexão, empregou-se, como deve ser próprio ao direito, o método dialético.

As fontes primárias utilizadas na pesquisa foram o texto dos Tratados constitutivos da União Européia e o Tratado de Assunção, constitutivo do Mercosul, bem como seus Protocolos. Assim como os Acórdãos do Tribunal de Justiça de Luxemburgo. A fonte secundária foi a bibliografia reunida.

No primeiro capítulo, num primeiro momento, analisa-se o contexto da União Européia para, após, apresentar o instituto do reenvio prejudicial tal como lá o mesmo é tratado e definido. Por fim, apresenta-se o reenvio prejudicial como o principal instrumento utilizado pelo Tribunal de Justiça da Comunidade Européia para erigir os princípios mais significativos do Direito Comunitário europeu.

No segundo capítulo, visa-se a trabalhar com os aspectos procedimentais e processuais do reenvio prejudicial, demonstrando-o como uma figura de direito processual comunitário com características *sui generis*.

No terceiro capítulo, destaca-se a importância da cooperação jurisdicional entre as jurisdições dos Estados-Membros da União Européia com o Tribunal de Justiça e, bem por isso, o papel fundamental exercido pelo direito processual que desmitificou a tradição "nacional" dos magistrados nacionais, com vistas a permitir maior acesso à Justiça aos cidadãos europeus.

Com isso, no quarto capítulo, pretende-se adentrar na discussão sobre a atual estrutura institucional do Mercosul, bem como a respeito da necessidade ou não de criar-se, neste espaço geográfico, um Tribunal com características supranacionais, como condição *sine qua non* à adoção do reenvio prejudicial. Para tanto, faz-se a análise da estrutura institucional do Mercosul, do direito constitucional dos seus Estados-Partes e do direito processual brasileiro.

Cooperação Jurisdicional

1. O reenvio prejudicial na Europa

1.1. UMA BREVE ANÁLISE SOBRE A FORMAÇÃO DA UNIÃO EUROPÉIA

Foi no nascer dos anos cinqüenta, após a Segunda Guerra Mundial, que teve início a formação de uma cooperação, mais ou menos estável, entre países do Oeste da Europa, representada por organismos que deram vida a um tipo novo de cooperação e integração entre Estados: as Comunidades Européias.[1, 2]

Neste sentido, Paulo Borba Casella[3] sublinha que a integração européia representou não somente a superação de seculares dissensões e complexas manobras de equilíbrio político, como também o grau de desenvolvimento médio dos países envolvidos, o que levou à evolução progressiva de um mercado comum.

A primeira das Comunidades foi a Comunidade Européia do Carvão e do Aço, CECA,[4] resultante da iniciativa francesa, e pode

---

[1] Sobre a problemática que gerou o nascimento da "Europa comunitária", importantes são as lições de Ricardo Seitenfus, *Manual das organizações internacionais*. Porto Alegre: Livraria do Advogado, 1997, p. 223-229.

[2] O termo "Comunidades Européias" foi substituído por "Comunidade Européia" pelo Tratado da União Européia assinado em Maastricht, em 7 de fevereiro de 1992. O título II prevê: "Disposições que alteram o Tratado que institui a Comunidade Econômica Européia tendo em vista a instituição da Comunidade Européia", art. G, item A, nº 1. Em todo o Tratado: A expressão "Comunidade Econômica Européia" foi substituída pela expressão "Comunidade Européia". Assim, esta será a expressão utilizada ao longo deste trabalho.

[3] *Comunidade Européia e seu ordenamento jurídico*. São Paulo: LTr, 1994, p. 56.

[4] O mentor deste tipo novo de organismo foi Jean Monet, que inspirou as declarações de Robert Schumam de 9 de maio de 1950, propondo a criação de um mercado comum do carvão e do aço, regulado por normas de caráter supranacional, revolucionando, assim, as relações tradicionais travadas até então pelos Estados. É importante referir que a razão primeira da criação da CECA deveu-se à preocupação de Monet, surgida após a Segunda Guerra Mundial, de realizar a

---

Cooperação Jurisdicional

19

ser tida como o primeiro passo dado ao desenvolvimento e aperfeiçoamento posterior da hoje União Européia.[5] Assim, a idéia foi aceita por Alemanha, Bélgica, França, Holanda, Itália e Luxemburgo, e o Tratado de Paris, que a criou, foi assinado em 18 de abril de 1951 e entrou em vigor em 25 de julho de 1952.[6]

Após, em 25 de março de 1957, foram assinados, em Roma, os Tratados que criaram a Comunidade Econômica Européia, CEE, e a Comunidade Européia da Energia Atômica, CEEA ou EURATON, comunidades estas que se inspiraram nos conceitos e noções institucionais criadas em 1950 para a CECA. Mas é preciso notar que as três comunidades surgiram tendo em vista atingir os mesmos objetivos fundamentais: a construção de uma Europa organizada. Para a consecução deste objetivo, foi colocada em prática uma técnica importante: a integração, através do surgimento de um poder real atribuído às instituições da Comunidade.

É bem verdade que estas novas instituições não se solidificaram sem resistência, advinda dos próprios Estados que foram seus mentores. Exemplo disso é o caso da França que, por ocasião do governo do General de Gaulle, caracterizou-se pelo desenvolvimento de uma política claramente contrária à supranacionalidade,[7] o que redundou numa série de dificuldades opostas ao desenvolvimento da chamada "Europa política".[8]

O processo evolutivo da construção européia foi aprimorado após a adoção de mecanismos jurídicos e a introdução de normas relativas à união econômica e monetária, o que deu origem ao Tratado da União Européia, TUE, assinado em Maastricht em 7 de

---

integração em setores específicos, como o carvão e o aço, para depois passar à integração de caráter econômico, o que caracteriza a doutrina denominada de funcionalista. Joel Rideau. *Droit Institutionnel de L'Union et des Communautés Européennes*, 3. ed. Paris: L.G.D.J, 1999. 1092 p. Importante também a obra de Ricardo Seitenfus e Deisy Ventura, *Introdução ao Direito Internacional Público*. Porto Alegre: Livraria do Advogado, 1999. p. 185.

[5] Compõem-na, atualmente, 15 países: Alemanha, Áustria, Bélgica, Dinamarca, Espanha, Finlândia, França, Grécia, Holanda, Inglaterra, Irlanda, Itália, Luxemburgo, Portugal e Suécia. *In: Tratados da União Européia.* Lisboa: UAL-Universidade Autônoma de Lisboa, 1999, p. 41.

[6] Tratado de Paris. *Ibid.*

[7] Deisy de Freitas Lima Ventura bem define a supranacionalidade: a) quando há o reconhecimento de um conjunto de valores ou interesses comuns entre um certo número de Estados; b) efetividade do poder; c) autonomia em relação às ordens jurídicas nacionais. *In: A ordem jurídica do Mercosul.* Porto Alegre: Livraria do Advogado, 1996, p. 31-32.

[8] Rideau. *Op. cit.,* p. 24.

fevereiro de 1992, cujo texto foi ratificado pelos Estados-Membros após muitos deles terem modificado suas Constituições Federais, a fim de garantir a adequação destas ao ordenamento comunitário,[9] distinto e superior às ordens jurídicas internas. A entrada em vigor do Tratado de Maastricht, assim, acabou ocorrendo em 1º de novembro de 1993 e trouxe modificações importantes relativamente às previsões dos Tratados constitutivos de Paris e de Roma.

O Tratado de Maastricht estabeleceu os três pilares da União Européia:

a) as comunidades;

b) política externa e de segurança comum;

c) cooperação nos domínios da justiça e dos negócios internos.[10]

Uma nova fase evolutiva da construção do Direito Comunitário na Europa foi marcada pelo Tratado de Amsterdam, assinado em 2 de outubro de 1997, justamente porque o artigo B do Tratado de Maastricht previu que uma Conferência de revisão, em 1996, deveria proceder um exame completo das políticas e formas de cooperação entre os Estados, a fim de garantir a eficácia dos mecanismos e das instituições comunitárias.

Foi no Conselho Europeu de Amsterdam que os Chefes de Estado e de Governo encerraram as longas negociações realizadas no quadro da Conferência intergovernamental.[11] O Tratado mantém a distinção entre a União Européia e as três Comunidades autônomas que a compõem. Mantém a estrutura dos três pilares, mas alarga a competência da Comunidade Européia, transferindo para ela matérias do terceiro pilar, qual seja, assuntos internos e justiça, antes não comunitarizados, através da inserção do Título IV ao Tratado da CE.[12]

Assim, da mesma maneira que os sistemas jurídicos internos não sobreviveriam sem um mínimo de coerência se não existissem

---

[9] Definições importantes sobre o ordenamento jurídico comunitário foram feitas por Fausto de Quadros. *Direito das Comunidades Européias.*Reimpressão. Lisboa: Almedina, 1991. 541 p.

[10] Tratados da União Européia, revistos pelo Tratado de Amsterdam, Introdução de José Barros Moura. Lisboa: UAL, [1999]. O Tratado em referência traz expressamente que a União Européia tem por missão organizar de forma coerente e solidária as relações entre os Estados-Membros e entre seus povos, de acordo com o texto do Art. 1º, alínea 3.

[11] Rideau, *op. cit.* p. 48.

[12] Tratados da União Européia. *Op. cit.*, p. 17-18. O Título IV disciplina a matéria sobre: "Visto, asilo, imigração e outras políticas relativas à livre circulação de pessoas".

Cooperação Jurisdicional

órgãos judiciais competentes e mecanismos de aplicação das leis eficazes, com o fim de garantir-lhes respeito, uniformidade e integridade, o sistema jurídico comunitário europeu[13] correria grave risco se não tivessem sido previstos mecanismos jurídico-processuais capazes de garantir a aplicação coerente e uniforme das normas comunitárias.

A doutrina européia considera que esta é a missão do reenvio prejudicial, como será abaixo analisado.

1.2. UM INSTRUMENTO PROCESSUAL A SERVIÇO DA COOPERAÇÃO JURISDICIONAL

1.2.1. A previsão legal

Dentre as instituições comunitárias que exercem seus papéis definidos nos Tratados constitutivos,[14] destaca-se o Tribunal de Justiça como órgão jurisdicional, com competência definida e limitada à apreciação da matéria comunitária e que é a autoridade suprema da Comunidade Européia em matéria judicial, não havendo possibilidade de apelação relativamente a suas decisões.[15]

O Tribunal de Justiça atua no denominado contencioso comunitário e também quando age em cooperação com as jurisdições nacionais, respondendo as questões que estas lhe formularem. Gize-se que apenas parte dos litígios que envolvem a aplicação do

---

[13] Paulo Borba Casella, *Op. cit.*, p. 205, refere que a "Comunidade Européia é regulada no âmbito interno por normas que compõem ordenamento jurídico *sui generis*, de caráter derivado unilateral, a partir dos tratados constitutivos, supranacional porém diretamente, vinculando tanto as instituições comunitárias quanto os Estados-Membros, além das pessoas físicas e jurídicas, criando direitos e obrigações, normalmente denominado Direito Comunitário europeu. Existe assim ordenamento comunitário autônomo e integrado aos direitos nacionais". A noção de ordenamento jurídico comunitário é preconizada por Denys Simon. *Le sistème juridique communautaire*. Paris: PUF, 1997.

[14] São instituições da Comunidade Européia: a) o Parlamento (Arts. 189 a 201 do TCE); b) o Conselho (Arts. 202 a 210 do TCE); c) a Comissão (Arts. 211 a 219 do TCE); d) o Tribunal de Justiça e oTribunal de Primeira Instância (Arts. 220 a 245); e) o Tribunal de Contas (Arts. 246 a 248). Tratados da União Européia. *Op. cit.*, p. 167-189.

[15] Roberto Dromi, Miguel A. Ekmekdjian e Julio C. Rivera, *Derecho Comunitário: Regimen del Mercosur.*Buenos Aires: Ediciones Ciudad Argentina, 1995, p. 157.

Direito Comunitário originário[16] e do direito dele derivado[17] são objeto de sua atuação jurisdicional, pela via direta de provocação[18] ou pela via indireta, esta através do sistema de cooperação.

Ante a falta de competência genérica do Tribunal de Justiça, os Tratados constitutivos confiaram às jurisdições nacionais a missão de aplicar as normas comunitárias, estabelecendo, com isso, verdadeiro sistema de cooperação jurisdicional entre eles.[19]

Para tanto, foi preciso criar um mecanismo que garantisse a apreciação de validade, a interpretação e a aplicação uniforme do Direito Comunitário. O instrumento de natureza processual previsto pelos Tratados para cumprir esta função é o reenvio prejudicial. Assemelha-se à figura jurídica de direito interno do mesmo nome, utilizada na Alemanha e na Itália para apreciação de constitucionalidade, e àquela existente no sistema francês e usada pelas jurisdições nacionais quando consultam o *Quai d'Orsay*[20] para que este realize a interpretação do direito internacional.[21]

---

[16] É representado pelos Tratados constitutivos, Protocolos e Anexos.

[17] É o artigo 249 do Tratado da Comunidade Européia que traça as figuras através das quais consolida-se toda a tecitura normativa do Direito Comunitário. Ami Barav e Chistian Philip, em utilíssima obra, explicam que a "diretiva liga todos os Estados-membros destinatários quanto ao resultado a atender, deixando às instâncias nacionais decidirem quanto à forma e aos meios de atingí-lo". Quanto aos regulamentos, afirmam que "é um ato de caráter geral, obrigatório em todos os seus elementos e diretamente aplicável em cada Estado-membro". No tocante às decisões, ensinam que "é um ato obrigatório em todos os seus elementos para os destinatários que ele designa". Por fim, quanto às recomendações, asseveram que "não são vinculatórias, sendo esta a sua principal característica e não trazem em si nenhuma obrigação de resultado a atender". In: *Dicionnaire juridique des Communautés européennes*. Paris: Puf, 1993, p. 359; 921; 337 e 903, pela ordem de citações respectivas. No tocante à decisão-quadro, relaciona-se a assuntos ligados à cooperação policial e jurisdicional em matéria penal e de maneira similar às diretivas, vincula os Estados-membros quanto ao resultado a alcançar deixando, contudo, às instâncias nacionais a competência quanto à forma e aos meios, não produzindo, de regra, efeito direto. A previsão legal é a do artigo 34, *b*, do Tratado da União Européia.

[18] O Tratado da Comunidade Européia, em seus artigos 220 a 245, evidencia que o Tribunal de Justiça só atua quando provocado, o que leva a concluir que também no direito processual comunitário é aplicado o princípio da demanda, o qual veda à jurisdição agir de ofício, cuja justificativa principal é não macular a sua condição de terceiro imparcial. Sobre isso, no direito brasileiro, lúcida é a lição de Ovídio Araújo Baptista da Silva. *Curso de Processo Civil*. 3.ed. V.I. Porto Alegre: Sérgio Fabris, 1996, p. 183-85.

[19] Denys Simon, 1997, p. 455.

[20] É o Ministério das Relações Exteriores francês.

[21] José Carlos Moitinho de Almeida. *O reenvio prejudicial perante o Tribunal de Justiça das Comunidades Européias*. [S.I]: Coimbra, 1992, p. 7.

Cooperação Jurisdicional

Para tal fim, o artigo 41 da CECA instituiu o reenvio prejudicial limitado, apenas, à apreciação de validade das deliberações da Alta Autoridade e do Conselho. O texto do Art. 41 é o seguinte:

"Só o tribunal é competente para decidir, a título prejudicial, sobre a validade das deliberações da Alta Autoridade ou do Conselho se, em litígio submetido a um tribunal nacional, esta validade for posta em causa."

Diferentemente, os Tratados da CEE e da CEEA o instituíram, respectivamente, nos artigos 177 e 150, em matéria de interpretação e de apreciação de validade dos atos comunitários, como segue:

"Art. 150 - O Tribunal de Justiça é competente para decidir a título prejudicial:
a) Sobre a interpretação do presente Tratado;
b) Sobre a validade e interpretação dos atos adotados pelas instituições da Comunidade;
c) Sobre a interpretação dos estatutos dos organismos criados por um ato do Conselho, desde que estes estatutos o prevejam."

Sempre que uma questão desta natureza seja suscitada perante qualquer órgão jurisdicional de um dos Estados-Membros, esse órgão pode, se considerar que uma decisão sobre essa questão é necessária ao julgamento da causa, pedir ao Tribunal de Justiça que sobre ela se pronuncie.

Sempre que uma questão desta natureza seja suscitada em processo pendente perante um órgão jurisdicional nacional cujas decisões não sejam suscetíveis de recurso judicial previsto no direito interno, esse órgão é obrigado a submeter a questão ao Tribunal de Justiça.

Registre-se que o Tratado de Amsterdam renumerou o artigo 177 para o artigo 234, modificando-se apenas o teor da letra *b*, para inserir na competência do Tribunal a apreciação de validade e interpretação dos atos adotados pelo Banco Central Europeu, como segue:

"Art. 234 - (...)
b) sobre a validade e a interpretação dos atos adotados pelas Instituições da Comunidade e pelo BCE".[22]

---

[22] Assim, ao longo deste trabalho a referência será feita ao Art. 234, ainda que grande parte da doutrina faça referência ao ex-Art. 177, eis que anterior à modificação trazida pelo Tratado de Amsterdam.

Acresce-se a isso que a previsão contida no artigo 35 do Tratado da Maastricht[23] insere entre as competências do Tribunal de Justiça a capacidade de decidir, a título prejudicial, a apreciação da validade e interpretação das *decisões-quadro*,[24] sobre a interpretação das convenções relativas à cooperação policial e judiciária em matéria penal, e sobre a interpretação e validade das medidas tomadas para implementar tal cooperação, apenas com a novidade de que os Estados-Membros, por ocasião da assinatura do Tratado de Amsterdam podem ou não concordar em submeter a matéria a julgamento do Tribunal de Justiça pela via do reenvio prejudicial.

O Tribunal de Justiça foi criado como instância jurisdicional, no âmbito da Comunidade Européia do Carvão e Aço, em 1952. Com a edição do Tratado de Roma, em 1957, passou a ocupar o lugar de Tribunal de Justiça comum para as três Comunidades Européias, e tem desempenhado um papel fundamental na arquitetura e construção do Direito Comunitário, a tal ponto que seus magistrados são considerados os protagonistas da chamada Europa dos Juízes.[25]

Jorge Fontoura, no entanto, sublinha que o trabalho de interpretação e aplicação interativa e construtiva das normas comunitárias pelo Tribunal de Justiça tem recebido críticas dos juristas, que o consideram o "colapso branco da velha democracia iluminista".[26] Da mesma forma, J. P. Colin afirmou que foi a posição central do Tribunal de Justiça no sistema comunitário europeu, juntamente com a existência de Tratados que limitaram os direitos soberanos

---

[23] Diz o Art. 35: "1. O Tribunal de Justiça das Comunidades Européias é competente, sob reserva das condições constantes do presente artigo, para decidir a título prejudicial sobre a validade e a interpretação das decisões quadro e das decisões, sobre a interpretação das convenções estabelecidas ao abrigo do presente Título e sobre a validade e a interpretação das respectivas medidas de aplicação. 2. Mediante declaração feita no momento da assinatura do tratado de Amsterdam, ou posteriormente, a todo o tempo, qualquer Estado-membro pode aceitar a competência do tribunal de Justiça para decidir a título prejudicial, nos termos do n. 1".

[24] Ver nota 17.

[25] A expressão *"L'Europe des Juges"* faz parte da rotina dos europeus e é encontrada nas mais diversas obras jurídicas sobre o tema. Ver, por exemplo, Luiz Olavo Baptista. "Arbitragem e mediação entre os particulares no Mercosul". *In: Direito Comunitário do Mercosul. Op. cit.*, p. 106.

[26] A construção jurisprudencial do Direito Comunitário Europeu. *Mercosul. Seus efeitos jurídicos, econômicos e políticos. Op. cit.*, p. 90. O autor, no entanto, não cita quais os juristas que usam a expressão *"L'Europe des Juges"* de maneira pejorativa.

Cooperação Jurisdicional

dos Estados, os dois fatores que alimentaram a crítica ao governo de juízes.[27]

Desde logo, porém, pode-se afirmar que esta expressão muito imperfeitamente dá idéia da obra jurisprudencial da Corte de Justiça, como bem apontou Pierre Pescatore,[28] para quem as dificuldades enfrentadas pelo legislador comunitário não impediram que os problemas chegassem para os juízes, seja do Tribunal, seja para os juízes comuns do direito comunitário, integrantes do Poder Judiciário nacional de cada Estado-Membro.

Ante a incipiência legislativa e vedado o *non liquet*,[29] coube ao Tribunal de Justiça a árdua tarefa de sanar as lacunas, constituindo-se o contencioso comunitário - expresso pelas mais diversas ações e recursos, conforme abaixo será analisado, somado ao mecanismo processual do reenvio prejudicial - em responsável pelo elevado nível de jurisdicionalização de suas decisões, o que permitiu ao Tribunal exercer seu poder criativo e fazer da jurisprudência um componente importante na construção da União Européia.[30]

Ainda no pensar de Jorge Fontoura, o Direito Comunitário europeu encontrou respaldo para seu crescimento muito mais na efetividade e realismo das decisões do Tribunal de Justiça, do que nas normativas comunitárias, pois foi a sua jurisprudência que deu base para o contingente sucesso histórico da integração.[31]

O Tribunal de Justiça é composto por quinze juízes, nomeados de comum acordo pelos governos dos Estados-Membros, escolhi-

---

[27] Maurice-Chistian Bergerès. *Contencioso comunitário.* Porto: Resjurídica, p. 9.

[28] *Rôle e chance du droit et des juges dans la construction da L'europe.* RIDC, 1974, p. 5.

[29] Deve-se a Aulo Gélio, pretor romano, a origem desta expressão. Na dúvida sobre a melhor solução ao caso que lhe foi confiado, considerou-se livre daquele julgamento. Na maioria dos sistemas processuais este comportamento não é aceito. Assim, o princípio que veda ao juiz recusar-se a julgar é aplicável nos mais variados sistemas processuais e relaciona-se diretamente com a existência do Estado democrático, já que em razão dele, ainda que a lei seja omissa ou lacunosa, não pode o magistrado deixar de cumprir sua missão. Ou seja, a expressão *non liquet* significa possibilidade que não existe: o poder do juiz de não julgar. Na doutrina brasileira ver Rui Portanova, *Princípios do Processo Civil. Op. cit.*, p. 92.

[30] José Puig Brutau tratou do tema e referiu que o poder criativo do juiz não deve encaminhar para o conformismo, mas antes, pelo contrário, deve servir de estímulo para de alguma forma reduzir a margem de arbítrio que se concede ao julgador. A jurisprudência como fonte do direito. *Ajuris:* Edição especial. Porto Alegre, 1977, p. 237. Neste sentido, atribuir tom pejorativo à expressão "Europa dos juízes", pode-se constituir em grave equívoco, diante do poder criador que lhes é inerente, já que o legislador não pode prever todas as situações da vida de relações.

[31] *Op. cit.*, p. 89-101.

dos entre juristas que reúnam, em seus países de procedência, condições para o desempenho das mais altas funções jurisdicionais ou que reconhecidamente sejam pessoas competentes, ressaltando-se entre tais predicados a garantia da independência para o exercício da função.[32] Exercem seus mandatos pelo período de seis anos, renováveis por igual prazo.[33]

Atuam também, junto ao Tribunal, nove Advogados-Gerais e o escrivão, cabendo aos primeiros apresentar publicamente, com imparcialidade e independência, conclusões acerca dos processos submetidos ao Tribunal de Justiça.[34]

O Tribunal de Justiça, assim, tem por finalidade assegurar o respeito ao ordenamento jurídico comunitário na interpretação e aplicação dos Tratados constitutivos das Comunidades, bem como o atendimento das normas adotadas pelas instituições comunitárias no exercício de suas competências específicas, entendimento que se extrai do teor do artigo 220 do Tratado da Comunidade Européia.[35]

Sua primeira função é a garantia jurisdicional do Direito Comunitário, global e pluriofensiva,[36] já que atua tanto frente às instituições comunitárias, quanto frente aos Estados-Membros e aos particulares. A segunda função repousa no fato de que esta garantia de manter o respeito ao Direito Comunitário não se esgota apenas no Direito Comunitário originário, como também sobre todo o direito derivado, representado por Diretivas, Regulamentos, Decisões, Recomendações, Pareceres e Decisões quadro.[37]

No exercício de tais tarefas, o Tribunal de Justiça, por um lado, exerce as funções que lhe foram atribuídas pelo Tratado da Comunidade Européia, exclusivamente e, por outro, as exerce como intérprete de *"última instância"* do ordenamento jurídico comunitário, como acontece quando compartilha esta função com outros órgãos jurisdicionais, como o Tribunal de Primeira Instância da

---

[32] Antônio Paulo Cachapuz de Medeiros.Tribunais supranacionais e aplicação do direito comunitário: aspectos positivos e negativos. *In*: Ventura, Deisy. *O Direito Comunitário do Mercosul*. Porto Alegre: Livraria do Advogado, 1997, p. 165.

[33] Artigo 221 do Tratado da CE.

[34] Artigos 222 e 224.

[35] "O Tribunal de Justiça garante o respeito do direito na interpretação e aplicação do presente Tratado".

[36] A expressão é de Mariano Bacigalupo. *La Justicia Comunitária*. Madrid: Marcial Pons, 1995, p. 12.

[37] Vide nota 17.

Cooperação Jurisdicional

Comunidade Européia[38] e com os órgãos jurisdicionais dos Estados-Membros, como acima referido.

Em qualquer caso, o Tribunal de Justiça tem por missão assegurar a unidade da ordem jurídica comunitária, seja quando funciona como órgão de segunda e última instância relativamente às decisões do Tribunal de Primeira Instância, em razão da interposição do recurso de cassação, seja quando decide as questões prejudiciais que lhe são postas pelos juízes nacionais em verdadeira cooperação jurisdicional, realizando a tarefa suprema de interpretar o Direito Comunitário originário e derivado ou decidir acerca da validade do último.

Por outro lado, o artigo 68 do Tratado da Comunidade Européia também prevê a aplicação do artigo 234, sempre que uma questão sobre a interpretação das matérias do Título IV (concernentes a vistos, asilo, imigração e outras políticas relativas à circulação de pessoas) ou sobre a validade dos atos das instituições da Comunidade praticados com base nesse título estiver pendente perante um órgão jurisdicional nacional cujas decisões não são passíveis de recurso de direito interno. E, neste caso, estabelece um dever para as jurisdições nacionais.[39]

---

[38] Este Tribunal foi instituído por decisão do Conselho n. 88/591/CECA, CE, EURATOM, de 24 de outubro de 1988. Entrou em funcionamento em 1º de setembro de 1989 conforme publicação no JOCE 1988, L 319, p. 1 e ratificado no JOCE 1989, L241, p. 4. *Apud* Ami Barav e Chistian Philip. Estes autores referem que a criação do Tribunal de Primeira Instância visou a atender dois objetivos: a) diminuir o volume de trabalho do Tribunal de Justiça, graças à repartição de competências e, assim, acelerar a resolução dos litígios, possibilitando ao Tribunal concentrar-se na sua função essencial que é a de assegurar a interpretação uniforme do direito comunitário; b) melhorar a proteção aos jurisdicionados com a instituição do duplo grau de jurisdição para certas matérias, em especial de natureza econômica. O Tribunal de Primeira Instância é competente para julgar, em caráter originário, os recursos de anulação, bem como as ações por omissão e de indenização propostas por pessoas singulares e coletivas contra as Comunidades. Da mesma forma, é competente para ações e recursos interpostos contra a Comissão em virtude do Tratado da Comunidade Européia do Carvão e do Aço, por empresas ou associação de empresas, como também, litígios entre as Comunidades e seus funcionários e agentes. Em razão do teor do Art. 225 do Tratado da Comunidade Européia cabe ao Conselho definir as ações de competência do Tribunal de Primeira Instância. *In: Op. cit.*, p. 1111. A previsão legislativa encontra-se no Art. 225 do Tratado da Comunidade Européia.

[39] O teor do Art. 68 é o seguinte: o artigo 234 é aplicável, nas circunstâncias e condições a seguir enunciadas: sempre que uma questão sobre a validade ou interpretação do presente Título ou sobre a validade ou interpretação dos atos comunitários adotados pelas Instituições da Comunidade com base no presente Título seja suscitada em processo pendente perante um órgão jurisdicional nacio-

A Comunidade Européia, das três comunidades, é a mais paradigmática, pelo fato de as duas outras, CEEA e a CECA, relacionarem-se a setores específicos. De modo que o dinamismo alcançado pelo processo de integração européia decorreu dos grandes debates que foram travados no seio da Comunidade Européia, onde nasceram grandes construções doutrinárias e jurisprudenciais.[40] Neste trabalho, pois, a análise do reenvio prejudicial será feita com base nos termos do artigo 234 do Tratado da Comunidade Européia, a exemplo de como a matéria é tratada pela doutrina européia.

Estas são as origens legislativas do reenvio prejudicial. Sua definição, suas características, seus aspectos procedimentais e sua importância no contexto da cooperação jurisdicional entre o Tribunal de Justiça e as jurisdições nacionais, foram construídos ao longo das quase cinco décadas da prática jurisprudencial e da construção doutrinária européia. É o que se verá a seguir.

1.2.2. A terminologia

Se não existe dúvida na doutrina de que o reenvio prejudicial é uma figura de direito processual comunitário, responsável pelo intercâmbio cooperativo existente entre as jurisdições nacionais e o Tribunal de Justiça, o mesmo não pode ser dito da terminologia usada pela doutrina ao citá-lo.

Ora consideram-no como um processo prejudicial, outras vezes, a doutrina usa a expressão mecanismo prejudicial. Em ocasiões outras, como uma questão prejudicial, terceiros o nominam de via prejudicial, recurso e, por fim, demanda prejudicial.[41]

---

nal cujas decisões não sejam suscetíveis de recurso judicial previsto no direito interno, esse órgão, se considerar que uma decisão sobre esta questão é necessária ao julgamento da causa, deve pedir ao Tribunal de Justiça que sobre ela se manifeste.

[40] Abel Laureano. *Quando o juiz nacional é obrigado a suscitar uma questão prejudicial ao Tribunal das Comunidades Européias.*Porto: ECLA, 1994, p. 19.

[41] Para Almeida Lopes (*O primeiro reenvio prejudicial de um tribunal português ao Tribunal de Justiça das Comunidades Européias.* Coimbra:Almedina, 1992, p. 8) a expressão usada é "pedido prejudicial". Mariano Bacigalupo (*La justicia comunitaria.* Madri: Marcial Pons Ediciones Juridicas S. A., 1995, p. 92) refere "questão prejudicial". Ami Barav (Renvoi préjudiciel communautaire. *Revue Justices.* Paris: Dalloz, abril/jun, 1997, p. 1), refere-se ao reenvio como uma "demanda". Em outra obra, nomina o instituto como um "processo" e como um "mecanismo" (*Dictionnaire juridique des Communautés européennes.* Paris: PUF, 1993, p. 926) e, ainda refere-se ao reenvio como uma "questão" (The reception of community law by the national

Ainda que a denominação que lhe seja atribuída não altere a sua função, que é de servir instrumento de cooperação entre a jurisdição comunitária e as jurisdições nacionais, elaborado para atender vários objetivos de Direito Comunitário,[42] é mais certo compreendê-lo e nominá-lo como um mecanismo processual, através do qual as jurisdições nacionais veiculam uma questão prejudicial de Direito Comunitário que surge incidentalmente no curso do processo principal.

Equivoca-se a doutrina ao denominá-lo de "questão", pelo fato de que o reenvio prejudicial é o instrumento, a via processual que tem por fim fazer chegar ao Tribunal de Justiça, aí sim, uma "questão" que lhe é prévia e que a ele deu origem.

Também não pode ser visto como um processo, pois este, segundo as modernas concepções doutrinárias:

---

legal systems. *Direito Comunitário do Mercosul.* Porto Alegre: Livraria do Advogado, 1997, p. 43). Paolo Biavati e Federico Carpi (*Diritto processuale comunitario.* Milão: Giuffè Editore, 1994, p. 372) usam a expressão*"mecanismo prejudicial".* Maurice-Chistian Bergerès (*Contencioso comunitário.* Porto: Resjurídica, p. 247), denomina o reenvio prejudicial de *"questão prejudicial".* Jean Boulois e Marco Darmon (*Contentieux communautaire.* Paris: Dalloz, 1997, p. 14) utilizam o termo *"processo prejudicial".* Paulo Borba Casella, *Comunidade Européia.* São Paulo: LTr, 1994), prefere o termo *"mecanismo".* Dámaso Ruiz-Jarabo Colomer (*El juiz nacional como juiz comunitário.* Cuadernos, p. 71), refere a uma *"questão"* e um *"processo".* Belter Garré Copello (La creacion de un tribunal de justicia en el Mercado Comum del Sur (MERCOSUR). Regímenes de derecho comparado. *Estudios Multisciplinarios sobre el MERCOSUR.* Montevideo: Faculdade de Derecho, 1995, p. 173) considera o reenvio prejudicial como *"recurso prejudicial".* Adroaldo Furtado Fabrício (A prejudicialidade do Direito Comunitário nos tribunais Supranacionais. *AJURIS,* n. 69, p. 34), considera-o como um *"expediente processual"* do tipo *"incidente".* Inge Govaere (The supranational Courts and the application of Community law: positive and negative aspects. *Direito Comunitário do mercosul.* Porto Alegre: Livraria do Advogado, 1997, p. 150) atribui a denominação de *"processo prejudicial".* Jean Victor Louis (*A ordem jurídica comunitária.* 5.ed. Luxemburgo: Comissão Européia Perpectivas Européias, 1995, p. 56-57) prefere o termo *"questão prejudicial", "mecanismo"* e *"recurso".* José Carlos Moitinho de Almeida (*O reenvio prejudicial perante o tribunal de justiça das comunidades européias.* Coimbra editora, 1992, p. 7 e 40) ora nomina o reenvio de *"mecanismo",* ora de *"questão".* João Mota de Campos (*Direito comunitário.* 2. ed. V.II. Lisboa: Fundação Calouste Gubelkian, 1988, p. 395.) denomina de *"questão prejudicial".* Odete Maria de Oliveira (*União européia processos de integração e mutação.* Curitiba: Juruá, 1999, p. 180.) considera-o como uma *"questão".* Denys Simon (*Droit institutionnel de L'union et des communautés européennes.* 3. ed. Paris: L.G.D.J, 1999, p. 839.) por vezes, prefere a expressão *"processo não contencioso"* e em outras usa o termo *"questões prejudiciais".*

[42] Ami Barav. *Renvoi préjudiciel. Op. cit.,* p. 1.

"... é uma entidade complexa, onde o procedimento é visto como algo sensível, atrás do qual estão as posições jurídicas ativas e passivas integrantes da relação jurídica processual; o processo é, assim, o procedimento animado pela relação processual".[43]

Na medida em que o processo pode ser entendido como o continente, cujo conteúdo é uma série encadeada e lógica de atos, não é crível pensar que o reenvio prejudicial seja um processo. No máximo, representa apenas um dos tantos atos que dão o dinamismo à relação processual. Por vezes, então, faz parte do contexto do procedimento, eis que nasce incidentalmente no curso deste. Acarreta o fracionamento do ato de julgar, e, por transportar uma questão prejudicial à decisão da causa posta perante o juiz nacional, suspende o desenrolar da relação jurídica processual até que o Tribunal de Justiça manifeste-se nos termos do Art. 234 do Tratado da Comunidade Européia.

Bem por isso, também não é apropriado denominá-lo de "demanda" prejudicial, já que é através dela que se dá início ao processo e através da qual a parte autora postula a tutela jurisdicional.[44] O reenvio prejudicial surge após e dentro de um processo já instaurado. Tratá-lo por demanda foge ao real sentido desta expressão, que significa o ato concreto de alguém exercer o direito de buscar a tutela jurisdicional, provocando-a.[45]

De igual modo, não é da melhor técnica denominá-lo de recurso pelo simples fato que é da essência deste acarretar a reforma, a invalidação e a integração da decisão recorrida, através do rejulgamento da causa por um órgão jurisdicional de hierarquia superior àquele que julgou.[46] Essa não é a missão do Tribunal de Justiça no exercício de sua competência de julgar o reenvio prejudi-

---

[43] Cândido Rangel Dinamarco. *A instrumentalidade do processo*. 3. ed. São Paulo: Malheiros, 1990, p. 127.

[44] Essa noção é de direito interno. Contudo, é possível aplicá-la no plano comunitário. No Brasil, o Código de Processo Civil diz que o processo se forma com a propositura da demanda, conforme o texto dos artigos 262 e 263. Além disso, o princípio da demanda é um importante princípio processual porque toca diretamente a questão de que o juiz não pode dar início ao processo de ofício. Sobre o tema, lapidares são as lições de Ovídio A. Baptista da Silva. *Op. cit.*, p. 91-127.

[45] Antônio Araújo Cintra, Ada Pellegrini Grinover e Cândido Rangel Dinamarco trabalham estes conceitos em: *Teoria Geral do Processo*. 11. ed. São Paulo: Malheiros, 1995. 360 p. Igualmente Cândido Dinamarco quando aborda o processo e o procedimento. *Op. cit.*, p. 126-127.

[46] Nelson Nery Júnior. *Princípios fundamentais*: Teoria geral dos recursos. 3. ed. São Paulo: RT, 1996.

Cooperação Jurisdicional

cial, pois cinge-se a apreciar a matéria de interpretação ou validade da norma comunitária e não pratica nenhum rejulgamento dos atos do juiz nacional.

Não se pode desconsiderar que o reenvio prejudicial representa sim um mecanismo de natureza procedimental, com procedimento específico definido no Regulamento Processual do Tribunal de Justiça,[47] assim como não deixa de ser uma "via" ou "instrumento" percorrido para buscar resposta junto a este.[48]

Neste trabalho, então, serão usadas com o mesmo significado as expressões: mecanismo, via prejudicial ou instrumento.

1.2.3. A questão prejudicial: um fenômeno de Direito Processual

No Direito Processual interno, a figura da questão prejudicial não é de todo estranha e tem merecido a atenção dos processualistas.[49] No Brasil, no âmbito do Direito Processual Civil, vários dispositivos legais[50] a prevêem. A sua marca é a indelével contribuição que oferece à resolução do mérito dos litígios. Pincelar aspectos importantes desta figura mostra-se importante, sem que se tenha qualquer pretensão de esgotar a matéria.

Quando uma questão processual ou de mérito[51] condiciona a resolução do mérito de uma demanda, de modo que não se pode

---

[47] Conforme o texto dos artigos 103-104, Mariano Bacigalupo. *Op. cit.*, p. 175.

[48] A obra de Abel Laureano dá idéia do uso dessa variada terminologia, na qual o autor refere que a expressão *mecanismo* é adequada pelo fato de que expressa a idéia de realização de um conjunto de operações ou de meios de operação entre si articulados e constituindo um sistema distinto. O autor refere que este também é o pensamento do Prof. Fausto de Quadros expresso em várias de suas obras. *Op. cit.*, p. 19-25.

[49] E. D. Moniz de Aragão. *Comentários ao Código de Processo Civil.* 7. ed. Rio de Janeiro: Forense, 1991, 2v, p. 508-519.

[50] Prevêem-na os seguintes dispositivos: Art. 265, IV, *a* e *c*; 469, III; 480 a 482 e 476 do Código de Processo Civil.

[51] Tem-se uma questão processual quando, por exemplo, o magistrado deve decidir, antes de analisar a relação material controvertida, se falta ou não um determinado pressuposto processual para o andamento válido e regular do processo, como, por exemplo, sua própria competência. Retratam, freqüentemente, as preliminares. Ainda à guisa de exemplo, a questão é de direito material, quando o juiz, numa ação de alimentos deve decidir acerca da existência ou não da paternidade. Em geral, retrata a figura prejudicial. José Joaquim Calmon de Passos. *Comentários ao Código de Processo Civil.* 6. ed. v. 6. Rio de Janeiro: Forense, 1991, p. 287-385.

chegar a este, de forma correta, sem antes passar por aquela, diz-se que há uma questão prévia. A resolução desta pode subordinar ou condicionar o resultado do mérito da demanda. De um lado, a questão prévia, dependendo de sua natureza, pode tornar inútil a decisão sobre a matéria que lhe era posterior. Neste caso, a questão prévia é denominada de preliminar. E, por outro, pode ocorrer que a solução e o conteúdo da matéria subordinada (o próprio mérito da demanda) dependam da resolução que foi dada à questão prévia, que lhes é subordinante.[52] Aqui tipifica-se a figura da questão prejudicial e é ela que tem relação com o objeto deste trabalho.

Não é demasiado dizer, assim, que a questão prejudicial tem a força de chamar a si, através de um estreito vínculo, o objeto litigioso do processo,[53] tornando a decisão deste dependente da que a ela for dada, e o julgador deverá necessariamente atentar para o seu resultado, sob pena de estabelecer uma quebra da logicidade do processo.[54]

Pode ocorrer que a existência desta questão subordinante nasça no âmago do mesmo processo onde deverá ser decidida a matéria subordinada. Em casos como esse, a sua resolução poderá tocar ao próprio juiz da causa, quando o seu julgamento será *incidenter tantum.*

---

[52] Abordagem feita por Adroaldo Furtado Fabrício. *Op. cit.*, p. 28.

[53] No Brasil, excelente a obra de José Rogério Cruz e Tucci (*A causa petendi no processo civil.* São Paulo: RT, 1993. 212p) aborda várias teorias sobre o objeto litigioso de processo, o qual pode ser entendido como a matéria fática e jurídica que compõe a causa de pedir do autor.

[54] Athos Gusmão Carneiro, referindo sobre o tema e citando doutrina, ensina que uma questão prejudicial refere-se a uma relação jurídica que, sem fundamentar diretamente o pedido, condiciona, todavia, o direito invocado pelo autor, predeterminando o conteúdo de mérito da sentença. Assevera que parece razoável definir como *prejudicial* toda a questão que constitua, em primeiro lugar, um antecedente lógico da sentença (prejudicialidade em sentido lato), e que, outrossim, se baseie *en una relación sustancial independiente de la que motiva la litis,* lembrando as lições de Hugo Alsina. Cita o entendimento de Ada Pellegrini Grinover quando esta autora afirma que a doutrina processual reservou a denominação *"questão prejudicial"*, em sentido estrito, para as questões relativas a outros estados ou relações jurídicas, que não dizem respeito à relação jurídica controvertida, mas que, podendo por si só ser objeto de um processo independente, apresenta-se naquele determinado processo apenas como ponto duvidoso na discussão da questão principal, Notas sobre a ação declaratória incidental. *AJURIS*, Publicações eletrônicas, 2. ed. V 1-74, V 27, p. 49. Rui Portanova, quando tece considerações sobre o princípio processual lógico, lembra das questões prejudiciais como antecedentes ao julgamento do mérito. *Princípios do Processo Civil.* Porto Alegre: Livraria do Advogado, 1995, p. 23. A matéria também é abordada por Adroaldo Furtado Fabrício. *Op. cit.*, p. 28.

Cooperação Jurisdicional

Em casos outros, haverá uma quebra no julgamento, já que a aferição e a decisão da questão prejudicial será de competência de outro Juízo, a qual será vinculante para o juízo suscitante, como ocorre quando argüida questão de inconstitucionalidade de lei no âmbito de um órgão fracionário de um Tribunal,[55] cabendo ao Órgão Especial[56] o exame e decisão da matéria. Neste caso, é inegável a relação cooperativa entre as instâncias superiores e inferiores de jurisdição, diante da competência exclusiva atribuída às primeiras pela Constituição Federal.[57]

Ainda que exista a figura das chamadas questões prejudiciais externas, que facultam ao juiz de uma dada demanda esperar o resultado de outra pendente perante outro juízo,[58] é certo que se atentando para os objetivos deste trabalho, importam apenas as questões prejudicais internas cuja competência para decidi-las é de outro juízo. Esta é a situação que ocorre com o mecanismo do reenvio prejudicial.

1.2.4. De que matéria é feito e o que anima o reenvio prejudicial?

O reenvio prejudicial é um mecanismo de direito processual comunitário, "destituído de caráter contencioso",[59] que permite às jurisdições nacionais dos Estados-Membros da União Européia buscar resposta junto ao Tribunal de Justiça, a respeito de uma questão prejudicial à resolução do objeto litigioso que fundamentou eventual ação processual proposta.

---

[55] No Brasil órgãos fracionários são, por exemplo, as Câmaras ou Turmas, Grupo de Turmas, Grupos de Câmaras, segundo as normas de organização judiciária de cada Justiça. Este é o teor, também, do artigo 480 do CPC.

[56] É um órgão interno dos Tribunais brasileiros, composto de *quorum* privilegiado, com competência para julgar determinadas matérias. O número de componentes dependerá da estrutura de cada Tribunal e, em regra, sua composição e funcionamento estão previstos nos Regimentos Internos de cada um. Seria, assim, exaustivo fazer referência a todos.

[57] O Artigo 97 da Constituição Federal brasileira diz: "Somente pelo voto da maioria absoluta de seus membros ou dos membros do respectivo órgão especial poderão os tribunais declarar a inconstitucionalidade de lei ou ato normativo do Poder Público".

[58] É o caso, por exemplo, no direito brasileiro, do juízo cível suspender o processo de inventário para aguardar a decisão do juízo de família onde se busca o reconhecimento de relação concubinária com o *de cujus*.

[59] Ami Barav. Renvoi préjudiciel. *Op. cit.*, p. 1.

Conforme a regra contida no artigo 234 do Tratado da Comunidade Européia, esta questão prejudicial só pode dizer respeito à validade do Direito Comunitário derivado ou à interpretação dele e dos Tratados constitutivos que tenham sido invocados pelas partes para servir de fundamento jurídico à referida ação.

Bem por isso, a partir do momento em que o juiz nacional suscita o Tribunal de Justiça, o processo principal fica suspenso, aguardando a decisão a ser tomada por este, eis que não será possível definir a controvérsia sem a manifestação do Tribunal sobre a regra comunitária alvo da dúvida de que foi acometido o julgador nacional.[60]

Anteriormente foi referido que são os juízes nacionais os aplicadores natos das normas de Direito Comunitário. Assim, diante das vicissitudes de cada ordenamento jurídico interno e das influências culturais, sociais e históricas diferenciadas, que poderiam acarretar decisões comprometedoras da unidade do sistema comunitário, o reenvio prejudicial é o mecanismo processual que procura garantir a aplicação rigorosamente igual deste Direito por todos os países que compõem a União Européia. Ao olhar dos legisladores dos Tratados constitutivos, era preciso evitar que métodos diferentes de interpretação das leis, adotados pelos órgãos jurisdicionais internos, conduzissem a divergências de hermenêutica.[61]

Ami Barav sustenta que o papel atribuído às jurisdições nacionais na aplicação judiciária do Direito Comunitário é um trabalho que lhes foi confiado em matéria de proteção jurisdicional de características particulares, extraídas das regras comunitárias e, por isso, explica-se a natureza não contenciosa do reenvio prejudicial que permite ao Tribunal de Justiça cooperar com os juízes nacionais.[62]

A condição de que gozam os juízes nacionais de serem os aplicadores natos do Direito Comunitário e a colaboração decorrente do uso que fazem do reenvio prejudicial, a fim de buscar do Tribunal de Justiça resposta garantidora do respeito e da aplicação uniforme das regras comunitárias, faz com que sejam considerados verdadeiros juízes comunitários, conforme expressou Jean Victor Louis.[63]

---

[60] Dámaso Ruiz-Jarabo Colomer. *Op. cit.*, p. 94.

[61] Antônio Paulo Cachapuz de Medeiros. Tribunais supranacionais e aplicação do direito comunitário: aspectos positivos e negativos. Op. cit., p. 166-176.

[62] *Renvoi prejudicial. Op. cit.*, p. 1.

[63] *Op. cit.*, p. 57.

Cooperação Jurisdicional

A falta de contenciosidade do reenvio prejudicial decorre do fato de que trata de um mecanismo processual, através do qual a jurisdição nacional busca uma resposta do Tribunal de Justiça sobre as matérias elencadas no artigo 234 do Tratado da Comunidade Européia, configurando-se, portanto, como uma via processual objetiva, que se estabelece de juiz a juiz, sem partes e sem contraditório.

Primorosa é a lição de Denys Simon quando afirma que o reenvio prejudicial é organizado segundo um ritmo ternário: a primeira cena passa-se perante o juiz nacional, seu autor. A segunda acontece ante o Tribunal de Justiça, encarregado de dar tratamento e solução à questão. A terceira cena, novamente, desenvolve-se perante o juízo nacional, a quem cabe tirar da decisão do Tribunal de Justiça as conseqüências para resolver o litígio.[64]

De modo que a importância teórica do reenvio reside justamente na repartição de funções entre os juízes nacionais e o juiz comunitário, numa associação para o cumprimento de uma tarefa de interesse comum, que é assegurar o respeito do direito na interpretação e aplicação das normas comunitárias.[65] Não obstante, na sua construção doutrinária, o reenvio prejudicial, na condição de instituto jurídico-processual, encontrou resistência em seu uso por parte dos juízes nacionais. Apesar disso, esse mecanismo processual logrou permitir de forma mais acentuada, o acesso dos particulares, pessoas físicas e jurídicas, ao Tribunal de Justiça, ainda que pela via incidental.

Por outro lado, a sua importância prática, segundo a doutrina européia, repousa na eficácia e utilidade das decisões proferidas a título prejudicial para a construção do Direito Comunitário europeu ao longo de cinco décadas, o que pode ser comprovado, em termos quantitativos, pelas estatísticas do Tribunal de Justiça, conforme será adiante demonstrado e porque, em face do aumento crescente do número de textos normativos comunitários, tem contribuído, sobremaneira, para a interpretação destes e, assim para a solução dos litígios pendentes perante os juízos nacionais.[66]

---

[64] *Op. cit.*, p. 488. Jean Boulouis e Marco Darmon fazem referência às três fases. No entanto, entendem que a terceira seria dispensável já que é da natureza das decisões proferidas pelo Tribunal de Justiça impor sua autoridade às jurisdições nacionais. *In: Op. cit.*, p. 16.

[65] Conforme Ami Barav e Chistian Philip. *Op. cit.*, p. 926.

[66] Abel Laureano. *Op. cit.*, p. 38.

Ami Barav, sustenta, no entanto, que nos últimos anos o número de reenvios prejudiciais remetidos ao Tribunal de Justiça tem diminuído, fato que, para ele, permite mensurar o desenvolvimento real de uma integração efetiva. No entanto, tal evidência não diminui a importância que tem esse ao longo da evolução do Direito Comunitário.[67]

1.2.5. O reenvio prejudicial como responsável pela construção dos principais princípios do Direito Comunitário

Não se pode afirmar se os legisladores dos Tratados de Paris e de Roma possuíam consciência do importante papel edificador do mecanismo do reenvio prejudicial ou se o trabalho do Tribunal de Justiça é que foi além do que era esperado.

Foi no âmbito do julgamento dos reenvios prejudiciais remetidos ao Tribunal de Justiça que a jurisprudência comunitária acentuadamente contribuiu para erigir os principais pilares teóricos do Direito Comunitário e o edifício das Comunidades. A doutrina européia refere, a propósito, que não fosse esse tipo de processo (*sic*) o Direito Comunitário europeu, na sua estrutura e nos seus aspectos, não se teria tornado um *jus commune*, de aplicação uniforme e grau superior ao direito dos Estados-Membros.[68]

A mais importante contribuição da farta jurisprudência do Tribunal de Justiça, no âmbito do reenvio prejudicial, foi a construção, lapidação e afirmação dos princípios da aplicabilidade direta ou imediata, e da primazia da ordem jurídica comunitária[69] os quais surgiram, segundo Renaud Dehousse,[70] justamente numa época em que, passados os primeiros anos de entusiasmo, a integração européia começava a dar sinais de esvaziamento, especialmente porque os Estados-Membros buscavam o controle da máquina administrativa e da política comunitária.

---

[67] *Op. cit.*, p. 14.

[68] Abel Laureano. *Op. cit.*, p. 35.

[69] A doutrina européia que trata do tema jamais ignora estes dois princípios, destacando-se Jean-Victor Louis. *Op. cit.*, p. 137-207.

[70] *La Cour de Justice das Communautés Européennes*. Paris: Montchrestein, 1994, p. 12-20.

Cooperação Jurisdicional

1.2.5.1. Princípio da aplicabilidade direta ou imediata e a teoria do efeito direto

A aceitação de que os Tratados de Paris e de Roma constituíram uma ordem jurídica autônoma e uma Comunidade dotada de autoridade institucional própria, habilitada a operar o estabelecimento progressivo de uma ordem de subordinação/repartição das soberanias dos Estados-Membros e, portanto, de subordinação dos interesses nacionais ao interesse comunitário,[71] conduziram o Tribunal de Justiça, ainda nos primores da década de sessenta, a reconhecer o princípio da aplicabilidade direta das normas comunitárias no famoso processo *Van Gend en Loos* de 5 de fevereiro de 1963,[72] que a ele aportou através do mecanismo processual do reenvio prejudicial.

O Tribunal pronunciou-se:

"O objetivo do Tratado CEE, que é o de instituir um mercado comum cujo funcionamento afeta diretamente os habitantes da Comunidade, implica que este Tratado constitui mais do que um simples acordo gerador de obrigações mútuas entre os Estados contratantes. O direito comunitário, independente da legislação dos Estados-membros, tal como origina obrigações na esfera jurídicas dos particulares, é destinado a originar direitos que entram no seu patrimônio jurídico. Tais direitos surgem não somente quando o tratado explicitamente os confere, mas também em virtude das obrigações que o Tratado impõe de uma maneira bem definida tanto aos particulares como aos Estados-membros e às Instituições Comunitárias".[73]

A tomada de consciência de que as normas da ordem jurídica comunitária são aplicáveis diretamente nos ordenamentos jurídicos dos Estados-Membros era necessária para garantir a própria sobrevivência do sistema comunitário, diferente do interno e do internacional. Não se poderiam aplicar, nesta seara, as concepções monista e

---

[71] Mota Campos. *Op. cit.*, p. 196.
[72] TJCE, *Recueil*. Aff. nº 26/62, 1963, p. 9 e seguintes. Tratava-se de determinar se o Art. 12º do Tratado da CEE tinha ou não um efeito interno, ou, por outras palavras, se os particulares, com base neste artigo, poderiam invocar direitos individuais que o Tribunal deve salvaguardar. A Comissão pronunciou-se a favor do efeito direto do artigo 12º na ordem interna. Esta foi a solução apontada pelo Tribunal. Jean Vitor Louis. *Op. cit.*, p. 137-138.
[73] *Ibid*, p. 1.

dualista construídas pela doutrina internacionalista, a fim de explicar as relações entre o direito interno e o direito internacional.[74]

Nesse sentido, a expressão *aplicabilidade imediata* parece mais apropriada ao fenômeno, uma vez que a regra aplica-se no ordenamento interno sem necessidade de mediação ou de intermediário de um instrumento que introduza a norma coercitiva no âmbito interno, embora a expressão majoritariamente utilizada seja, de modo imperfeito, *aplicabilidade direta*. Tal uso leva à confusão, por vezes, entre a aplicabilidade imediata e o efeito direto.

No caso *Van Gend en Loos* o Tribunal de Justiça consagrou o princípio de que a ordem comunitária não se incorpora, mas integra-se às ordens nacionais.[75] A inocuidade a respeito da aplicação das teorias monistas e dualistas, portanto, decorre da posição tomada pelo Tribunal ao decidir que:

> "A Comunidade constitui uma nova ordem de Direito Internacional em favor da qual os Estados limitaram, ainda que em setores restritos, seus direitos soberanos, e na qual os sujeitos não só os Estados-membros, mas igualmente seus nacionais".[76]

Segundo o Tribunal, esta nova ordem seria diretamente aplicável não só aos Estados, mas também aos particulares e todo outro ente dotado de personalidade jurídica, titulares de direitos advindos das regras comunitárias, cuja proteção e respeito desde logo poderiam pleitear junto às autoridades judiciárias nacionais, em razão do efeito direto que é uma conseqüência do princípio em comento, desde que atendidas determinadas condições.[77]

---

[74] Grosso modo, para os adeptos da concepção monista, a ordem jurídica interna e a internacional apresentam-se como componentes de um mesmo sistema normativo. Por isso, as disposições de origem internacional, decorrentes dos Tratados, uma vez satisfeitas as exigências constitucionais de cada Estado, ingressam diretamente nas ordens jurídicas internas, sem estarem jungidas a passar por qualquer processo de recepção das leis. De outro modo, para os dualistas, a ordem interna e a internacional são dois universos jurídicos separados e, por isso, o direito internacional não é aplicável diretamente nas ordens jurídicas dos Estados a não ser depois de ter-se submetido aos processos estatais de recepção (Mota Campos. *Op. cit.*, p. 164-168). Ricardo Seitenfus e Deisy Ventura abordam com objetividade e clareza o tema. *Op. cit.*, p. 26. Da mesma forma J. J. Gomes Canotilho. 5. ed. *Direito Constitucional*. Lisboa: Almedina, 1991. 1214 p.

[75] Ricardo Seitenfus e Deisy Ventura (*Op. cit.*, p. 191) e Philippe Manin (*Les communautés européennes*. Paris: Pedone, 1999, p. 314).

[76] Ver nota 59.

[77] Existe diferença entre a introdução dos instrumentos internacionais na ordem jurídica interna de cada Estado, o que dependerá dos mecanismos de recepção de cada um, conforme suas ordens constitucionais e o caráter *self-executing* de um

Cooperação Jurisdicional

Aludindo ao processo *Van Gend en Loos* como um dos mais fundamentais dentre a jurisprudência do Tribunal de Justiça, Philippe Manin sublinha que o fenômeno da aplicabilidade imediata permite que o Direito Comunitário integre-se às ordens jurídicas internas dos Estados-Membros e que estes não têm a faculdade de escolher entre o dualismo ou o monismo, já que este último se impõe.[78]

É oportuno referir, no entanto, que a doutrina nem sempre faz distinção entre o princípio da aplicabilidade direta ou imediata e a teoria do efeito direto que lhe é conseqüente. Ami Barav e Chistian Philip ilustram tal realidade, pois ao fazerem análise do princípio da aplicabilidade direta entendem que ele foi formulado pela jurisprudência do Tribunal de Justiça, segundo a qual as disposições do Tratado ou dos atos das instituições comunitárias, podem ser invocadas pelos jurisdicionados perante as jurisdições nacionais e são suscetíveis de criar direitos em favor dos indivíduos, cuja salvaguarda cabe a estas zelar.[79] Tratam, ao que se vê, os dois fenômenos como expressão de uma só realidade.

Fausto de Quadros, no entanto, estabelece diferenciação entre ambos, os quais, no seu pensar, representam realidades distintas no âmbito da aplicação do Direito Comunitário. Entende o autor que a aplicabilidade direta consiste na entrada em vigor imediata, ou seja, na executoriedade imediata do regulamento na ordem interna dos Estados, que não fica jungida a qualquer ato de recepção da parte destes e sequer pode por eles ser evitada. Neste caso, alerta o jurista que aplicabilidade direta é sinônimo de aplicabilidade imediata. No

---

Tratado internacional conforme enuncia Martha Lucia Olivar Jimenez."La comprensión de la noción de derecho comunitário para una verdadera integración en el Cono Sur". *In: Mercosul. Seus efeitos jurídicos, econômicos e políticos nos Estados-Membros*. Porto Alegre: Livraria do Advogado, 1997, p. 43. Note-se, pois, o caráter excepcional desta cláusula, a qual permite ao indivíduo recorrer ao Judiciário para invocar uma norma decorrente de um Tratado internacional, sem que o Estado tenha que intervir com uma ação normativa entre o Tratado e o indivíduo. Esta exceção, por certo, não resolveria problemas advindos da ordem jurídica comunitária. Sobre isso, importante é a manifestação de Antônio Paulo Cachapuz de Medeiros. "Tribunais supranacionais e aplicação do Direito Comunitário: aspectos positivos e negativos", *Op. cit.*, p. 171. A obra do mesmo autor, *O poder de celebrar Tratados*. Porto Alegre: Sérgio Fabris, 1995. 624 p., trata exaustivamente das relações da ordem interna com a internacional.

[78] O texto diz: *"Le doit communautaire est 'intégré' au droit des Etats membres. Ceux-ci n'ont donc pas la faculté de choisir entre le dualisme et le monisme. Ce dernier s'impose"*. *Op. cit.*, p. 312.

[79] *Op. cit.*, p. 104. Assim também em Joël Rideau. *Op. cit.*, p. 818.

tocante ao efeito direto, sublinha que o mesmo consiste na possibilidade de os particulares invocarem nos tribunais nacionais, se "a natureza, a economia e os termos" da norma o permitirem, uma disposição dos Tratados comunitários ou um ato de direito derivado.[80]

É o efeito direto, segundo Philippe Manin, que determina as condições pelas quais um particular pode invocar uma disposição de Direito Comunitário para exercer direitos assegurados por este. Os juízes nacionais, diante disso, devem afastar toda e qualquer disposição de direito interno que não seja compatível com a ordem comunitária.[81]

Martha Lucia Olivar Jimenez refere que a aplicabilidade direta relaciona-se com a vigência dos instrumentos jurídicos comunitários, e foi expressamente prevista no artigo 189 do Tratado da Comunidade Européia para os regulamentos. No tocante ao efeito direto, a autora ensina que diz respeito à própria natureza específica da norma comunitária e a possibilidade que a mesma possui de gerar obrigações e direitos aos indivíduos possibilitando-os de invocá-los perante os tribunais nacionais.[82]

Seja como for, o conteúdo do acórdão *Van Gend en Loos* é considerado pela doutrina como uma das mais emblemáticas manifestações do Tribunal de Justiça em sede de reenvio prejudicial, pela importante contribuição que deu à construção da integração européia, eis que trouxe o ingrediente necessário para reforçar o Direito Comunitário, impondo-o às ordens jurídicas internas.

Provocadas as jurisdições nacionais, o possível conflito dos juízes em aplicar o direito interno ou as regras comunitárias poderia ser remetido ao Tribunal de Justiça através do mecanismo do reenvio prejudicial. Incontáveis vezes os juízes nacionais valeram-se desta figura processual. Jean-Victor Louis refere que a importância do reenvio prejudicial, neste contexto, repousa exatamente sobre o fato de que cumpriu seu objetivo, permitindo a aplicação uniforme das normas comunitárias no espaço territorial dos Estados-Membros.[83]

---

[80] *Op. cit.*, p. 420.
[81] *Op. cit.*, p. 314.
[82] *Op. cit.*, p. 43-48. A autora ressalta que as diretivas, num primeiro momento, não possuem aplicabilidade direta.
[83] *Op. cit.*, p. 140.

Cooperação Jurisdicional

1.2.5.2. *Princípio da primazia do Direito Comunitário*

Não há previsão no texto dos Tratados de Paris e de Roma a respeito da primazia ou predominância da norma comunitária sobre as normas nacionais.[84]

O primado da ordem jurídica comunitária ante as ordens jurídicas nacionais dos Estados-Membros constituiu-se no segundo e importante princípio de Direito Comunitário erigido pela construção pretoriana do Tribunal de Justiça, através de decisão célebre proferida em reenvio prejudicial que lhe foi remetido por um juiz milanês no processo Costa e Enel, de 15 de julho de 1964,[85] fato que oportunizou a manifestação contrária do Governo italiano, sob a alegação de que o reenvio não era aceitável, pois do ponto de vista da teoria "dualista" a função do juiz italiano era aplicar a lei nacional.[86]

Neste caso, o Tribunal, primeiro, extraiu do próprio Tratado de Roma os fundamentos de sua decisão e, segundo, retirou a posição que adotou das exigências da ordem jurídica comunitária. No tocante ao primeiro fundamento, afirmou:

> "A autonomia do direito comunitário em relação às ordens jurídicas dos Estados-membros resulta de que as Comunidades Européias constituem uma ordem jurídica própria a favor da qual os Estados-membros limitaram os seus direitos soberanos e criaram um corpo de direito aplicável aos seus súditos e a si próprios – limitação contra a qual não poderá prevalecer a invocação de disposições do direito interno, seja qual for a sua natureza".[87]

No concernente ao segundo, asseverou que a "força executiva do Direito Comunitário não poderia variar de um Estado para outro, ao sabor das legislações internas, sem pôr em perigo as finalidades do Tratados".[88]

---

[84] Sobre o tema, sublinha Denys Simon: "A la différence des Constitutions fédérales, la Constitution communautaire ne contient aucune disposition de conflit, assurant la priorité de la norme communautaire sur les nationales; corrélativement la juridiction communautaire ne dispose d'aucun pouvoir éimination de la norme nationale incompatible avec la norme communautaire, comparable à la compétence de 'nullification' reconnue à la cour suprême dans les systémes fédéraux.". *Op. cit.*, p. 282.

[85] TJCE. *Recueil.* Aff. 6/64, 1964, p. 1141. Mota Campos (*Op. cit.*, p. 288-291) tece considerações sobre o caso.

[86] Mota Campos. *Op. cit.*, p. 289.

[87] Acórdão COSTA/ENEL. *Op. cit.*

[88] Mota Campos. *Op. cit.*, p. 290.

A partir daí, o princípio da primazia do Direito Comunitário passou a ser usado como verdadeira regra de resolução de conflito aplicável pelo juiz interno, tanto às regras nacionais anteriores, quanto as posteriores que são incompatíveis com as normas comunitárias.[89]

Pierre Pescatore pronunciou que o Direito Comunitário traz em si a exigência fundamental da primazia e, se ele for incapaz de impor-se em todas as circunstâncias sobre o direito nacional, ele é ineficaz e, portanto, inexistente.[90]

Retira-se deste entendimento do Tribunal de Justiça verdadeira teoria geral das relações do Direito Comunitário com o direito interno, colocando o primeiro em linha de superioridade frente ao segundo, dentro dos limites, é claro, das competências partilhadas.

O princípio foi lapidado pelo Tribunal ao longo dos anos, mas as conclusões a que chegou o Tribunal no processo Costa e Enel jamais foram modificadas. No célebre processo *Simmenthal*, de 9 de março de 1978,[91] veiculado através de outro reenvio prejudicial, o Tribunal, nesse afã, explicou as conseqüências que o juiz nacional deveria extrair do princípio da primazia das normas comunitárias. Considerou que se é o magistrado pátrio que possui competência para aplicar as disposições do direito Comunitário, igualmente detém a

"... obrigação de assegurar o efeito destas normas, deixando inaplicada, se for preciso e por sua própria autoridade, qualquer disposição contrária da legislação nacional, inclusive posterior, sem que seja necessário solicitar ou esperar a eliminação prévia desta última, por via legislativa ou por qualquer outro procedimento constitucional".[92]

1.2.5.3. Reenvio prejudicial. Princípios. Um breve balanço

Foi no lento trabalho de amadurecimento e criação da ordem jurídica comunitária que o Tribunal de Justiça, especialmente no âmbito dos julgamentos do reenvio prejudicial, assim como a doutrina comunitária, desenvolveu os princípios acima enunciados.

---

[89] *Ibid.*

[90] Ami Barav e Chistian Philip. *Op. cit.*, p. 856.

[91] TJCE. *Recueil.*, Aff. 106/77, 1978, p. 629. Adminstration des finances de L'Etat c. Societé anonyme Simmenthal.

[92] Dámaso Ruiz-Jarabo Colomer. *Op. cit.*, p. 60.

Cooperação Jurisdicional

É importante registrar, no entanto, que as questões ligadas à aplicabilidade imediata, ao efeito direto e à primazia, inicialmente, foram alvo de acirradas polêmicas nos Estados-Membros, resultantes, inclusive, da tendência inicial em equiparar-se o Direito comunitário ao Direito Internacional clássico, quanto aos modos de recepção, forma e aplicabilidade deste último.[93]

Ocorre que a cultura jurídica da cada Estado-Membro, quando atribui ou não aos seus juízes a possibilidade de avaliar a lei interna, confrontando-a com outra de nível superior, tem significativa importância. Assim, nos Estados onde o controle de constitucionalidade das leis faz parte da cultura nacional e quem o realiza são os Tribunais nacionais, menos árduo foi realizar o controle da legalidade comunitária, porque relativizada a autoridade da lei e desmistificada a premissa de que o juiz é o seu escravo.[94]

É inegável, assim, que o sistema de controle interno de constitucionalidade das leis muito contribuiu para que fosse aceito um mecanismo semelhante no cotejo do Direito nacional com o comunitário, para assegurar-se a primazia deste.[95]

Bem por isso, como referido, a aceitação dos princípios da aplicabilidade imediata e da primazia não ocorreu sem contrariedades, especialmente nos Estados-Membros em que a tradição jurídica preconiza o império da lei e a impossibilidade do juiz questioná-la, seja em que circunstância for.

Martha Lucia Olivar Jimenes, analisando a situação particular da França, da Alemanha e da Itália, sublinhou que, apesar da teoria monista prevalecer naquela e a teoria dualista nos dois últimos, em todos vislumbrou-se a preocupação com:

a) o problema da soberania nacional;
b) da separação dos poderes;
c) da transferência de competências e
d) salvaguarda dos direitos fundamentais.[96]

Porém, sua análise minuciosa mostra que em todos os países referidos, apesar da preocupação com o respeito às normas consti-

---

[93] Martha Lucia Oliver Jimenez. *Op. cit.*, p. 49.

[94] Adroaldo Furtado Fabrício. *Op. cit.*, p. 39. A palavra "demitificar", também, bem poderia ser usada para afastar a idéia de que o juiz é escravo da lei.

[95] Adolphe Touffait pondera as razões pelas quais a França apresentou tanta resistência em aceitar as normas comunitárias. "Réflexions d'um magistrat français sur son expérience de juge de la Cour de Justice des Communautés Européennes". *In: Revue international de droit comparé*, n. 2, abr./jun., 1983.

[96] *Op. cit.*, p. 50.

tucionais de proteção aos direitos humanos, os princípios da aplicabilidade direta e da primazia restaram por ser reconhecidos e aceitos.

Cachapuz de Medeiros preleciona que o princípio do primado do Direito Comunitário, apesar de reconhecido pelo Tribunal de Justiça, não tardou a encontrar repouso junto à doutrina dos Estados-Membros, mas estes demoraram a reconhecê-lo.[97]

De todo o modo, o trabalho cotidiano do Tribunal de Justiça e a tomada de consciência por parte dos juízes nacionais de que a evolução do processo integracionista na Europa era imperativa, levou-os, ainda que de maneiras diferenciadas, a tomar decisões na linha do pensamento do Tribunal, expressado nos processos *Van Gend em Loos*, *Costa/ENEL* e *Simmenthal*, pelo que o papel do Tribunal de Justiça foi fundamental.

1.2.6. O papel do Tribunal de Justiça exercido através do reenvio prejudicial

Pode-se afirmar que desempenho desta competência repartida, que dá garantia da aplicação jurisdicional do Direito Comunitário, repousa em duas premissas básicas:

a) o Direito Comunitário é aplicado, preferencialmente, pelos Estados-Membros;

b) o Direito Comunitário goza de aplicabilidade imediata nos ordenamentos jurídicos dos Estados-Membros, sem necessidade de

---

[97] O autor refere que: "A Corte de Cassação da Bélgica aceitou a doutrina ao apreciar o caso *Le Ski*, em 1971; o Tribunal Constitucional da Alemanha ao julgar o caso *Lütticke*, no mesmo ano; o Tribunal Constitucional Italiano no exame do caso *Frontini* (1973); a Corte de Cassação da França ao julgar o caso *Cafés Vabre* (1975); o Conselho de Estado de Luxemburgo confirmou a doutrina do primado ao apreciar o caso *Bellion* (1974). Entretanto, o Conselho de Estado francês permaneceu algum tempo sem aceitar a dourina, só mudando de opinião no caso *Nicolo* (1989)". "Os três Estados que se juntaram às Comunidades Européias em 1973 – Dinamarca, Irlanda e Reino Unido – lentamente reconheceram o princípio do primado do Direito Comunitário. No reino Unido esse reconhecimento só ocorreu plenamente pela Câmara dos Lordes diante do caso *Factortame* (1990); na Irlanda, a Suprema Corte afirmou o primado no exame do caso *Crotty* (1987); e na Dinamarca, o reconhecimento deu-se pelo artigo 20 da Constituição. Os Estados que foram admitidos em seguida - Grécia (1981), Portugal e Espanha (1986) – acolheram o princípio do primado celeremente. Na Grécia, a decisão aflorou por intermédio do Conselho de Estado no exame do caso *Banana Market* (1984); em Portugal no julgamento do caso Cadima (1986); e na Espanha quando o Supremo Tribunal julgou o caso *Canary Islands Customs Regulation* (1989)". *Op. cit.*, p. 169-170.

Cooperação Jurisdicional

passar por mecanismos internos de recepção e de primazia frente às normas nacionais.

Para cumprir esta missão, o espectro de figuras processuais de competência do Tribunal de Justiça é amplo, existindo ações e recursos, além do reenvio prejudicial objeto deste trabalho, como:

a) *ação ou recurso por incumprimento:*[98] permite à Comissão ou a qualquer Estado-Membro promover ação perante o Tribunal de Justiça para denunciar incumprimento por parte de qualquer Estado-Membro das obrigações decorrentes do Direito Comunitário. Se o Estado-membro, apesar de declarada pelo Tribunal a obrigação de respeitar o Direito Comunitário, ainda assim não tomar as medidas necessárias, poderá sofrer sanção pecuniária;

b) *ação ou recurso de anulação:*[99] permite ao Tribunal de Justiça fiscalizar os atos adotados em conjunto pelo Parlamento e pelo Conselho, bem como os atos adotados pelo Conselho, pela Comissão e pelo Banco Central Europeu, desde que não se trate de recomendações ou pareceres e os atos adotados pelo Parlamento Europeu destinados a produzir efeitos. Por isso, tem competência para conhecer recursos interpostos por um Estado-Membro, pelo Conselho e pela Comissão, sempre que o fundamento seja incompetência, violação de formalidades essenciais, violação do Tratado ou de qualquer norma jurídica relativa à sua aplicação, cabendo-lhe a mesma competência quando o recurso for interposto pelo Parla-

---

[98] Previsto nos artigos 226 a 228 do TCE. Não há unanimidade quanto à terminologia adotada. Ora é denominada de ação, ora de recurso, apesar da doutrina atribuir-lhe o mesmo significado. Veja-se: 1) Doutrina francesa: Maurice-Chistian Bèrgeres nomina de ação por incumprimento. *Op. cit.*, p. 181; Jean Boulouis e Marco Darmon a denominam de *"action em manquement"* (ação em falta). *Op. cit.*, p. 263; Denys Simon usa a expressão *action em manquement. Op. cit.*, p. 461; 2) Doutrina portuguesa: Motta Campos usa a expressão ação por incumprimento. *Op. cit.*, p. 449; c) Doutrina espanhola: Mariano Bacigalupo usa a expressão "recurso por incumprimento". *Op. cit.*, p. 91; d) Doutrina Italiana: Paolo Biavati e Federico Carpi: *"azione de inadimpemento"* (ação de inadimplemento). *Op. cit.*, p. 52; e) Doutrina brasileira: Antônio Paulo Cachapuz de Medeiros: ação por incumprimento. *Op. cit.*, p. 166.

[99] Ver artigos 230 e 231 do Tratado da Comunidade Européia. Aqui, da mesma forma, a doutrina não adota a mesma terminologia. As citações serão feitas rigorosamente na mesma ordem da nota anterior. Por isso, serão suprimidos os nomes dos autores e das obras. Serão anotadas apenas as páginas. 1) Doutrina francesa: recurso de anulação, p. 201; *"action em annulation"* ou *"recours em annulation"* (ação ou recurso em anulação), p. 169; *recours em annulation* (recurso em anulação); 2) Doutrina portuguesa: recurso em anulação, p. 504; 3) Doutrina espanhola: *"recurso de anulación"*, p. 59; 4) Doutrina Italiana: *"azione per annullamento"* (ação de anulação), p. 59; 5) Doutrina brasileira: ação de anulação, p. 166.

mento Europeu, pelo Tribunal de Contas e pelo Banco Central Europeu, nas mesmas condições, para salvaguardar suas prerrogativas. Aqui, também qualquer pessoa singular ou coletiva tem legitimidade para demandar, desde que seja atingida por decisões tomadas sob a forma de regulamento ou de decisão;

c) *ação por omissão ou ação por carência:*[100] confere ao Tribunal de Justiça competência para controlar a legalidade por inatividade das instituições comunitárias, dando legitimidade ativa, para tanto, aos Estados-Membros e a outras instituições da Comunidade, bem como às pessoas singulares e coletivas, ao Banco Central Europeu no âmbito de suas atribuições;

d) *ação de indenização:*[101] concede ao Tribunal de Justiça competência originária para julgar as ações de reparação de danos, proveniente de responsabilidade extracontratual de suas Instituições ou de seus agentes no exercício das suas funções;

e) *recurso ordinário ou recurso de cassação:*[102] é o recurso interposto diante do Tribunal de Justiça contra as decisões proferidas pelo Tribunal de Primeira Instância. Neste caso, ele funciona como instância de segundo grau, cuja missão é rever as decisões do Tribunal de Primeira Instância para reformá-las ou não.

Pelo que se pode ver, o Tribunal de Justiça, em razão da missão que lhe foi atribuída pelos Tratados constitutivos da Comunidade Européia, é responsável pelo respeito da legalidade do Direito Comunitário, desde que foi criado, na década de 50, mas apesar de ser considerado o seu guardião, não é ele o único responsável pela sua aplicação.

Importante também é a atividade exercida pelo Tribunal de Primeira Instância. Não há de ser esquecido, porém, que os tribunais e juízes de cada Estado-Membro é que são os aplicadores natos do direito comunitário, já que cabe ao Poder Judiciário de cada

---

[100] Previstos nos Arts. 232 e 233 do Tratado da Comunidade Européia. Na mesma ordem de idéias da nota anterior: 1) Doutrina francesa: ação por omissão; *"action em carence"* (ação em carência), p. 227; *"recours em carence"* (recurso em carência), p. 401; 2) Doutrina portuguesa: recurso de anulação; 3) Doutrina espanhola: *"recurso por omisión"* (recurso por omissão), p. 72; 4) Doutrina Italiana: *"azione per declaratoria di inattività delle istituzioni"* (ação para declaração de inatividade das instituições), p. 67; 5) Doutrina brasileira: ação por omissão.

[101] Art. 235, parte final do Art. 233 e Art. 288 do Tratado da Comunidade Européia. Nesta hipótese, apenas Denys Simon refere-se a recurso de indenização. *Op. cit.*, p. 422. Os demais autores são unânimes ao referir-se à ação de indenização.

[102] Art. 225 do Tratado da Comunidade Européia.

Cooperação Jurisdicional

Estado garantir a aplicação de preceitos que criam direitos e deveres para os cidadãos.

Verificar o *modus procedendi* de reenvio prejudicial é o que se fará a seguir.

2. Aspectos procedimentais e processuais: uma figura processual "sui generis"

2.1. A SINGELEZA PROCEDIMENTAL DO REENVIO PREJUDICIAL A SERVIÇO DA INTEGRAÇÃO

O reenvio prejudicial como mecanismo processual de veiculação de matéria prejudicial de natureza comunitária acontece em duas fases e não há um momento processual definido para que seja suscitado.[103] A primeira delas ocorre perante as jurisdições nacionais, cujos atos procedimentais dependerão do sistema processual de cada Estado-Membro. A segunda acontece perante o Tribunal de Justiça, cuja disciplina procedimental está prevista nos artigos 103 e 104 do Regulamento de Procedimentos do Tribunal aplicáveis aos casos previstos no artigo 20 do Estatuto da CEE e artigo 21 do Estatuto da CEEA.[104]

Na primeira fase, o juiz nacional, de ofício ou por provocação, decide submeter ao Tribunal de Justiça a apreciação sobre a interpretação ou validade das normas comunitárias invocadas pelas partes no processo principal. Neste caso, como referido acima, serão as normas, de direito processual internas de cada Estado-Membro,

---

[103] Adroaldo Furtado Fabrício. *Op. cit.*, p. 49.

[104] O artigo 20 do Estatuto estabelece: "Nos casos a que se refere o artigo 177 do Tratado, a decisão do órgão jurisdicional nacional que suspende o procedimento e submete o assunto ao tribunal será notificada a este último por referido órgão jurisdicional. Em continuação, o Secretário do Tribunal notificará a decisão às partes litigantes, aos Estados-membros e à Comissão, assim como ao Conselho, quando o ato cuja validade ou interpretação questionada emane deste último. No prazo de dois meses desta notificação, as Partes, os Estados-membros, a Comissão e quando proceda, o Conselho terão direito a apresentar ao Tribunal memoriais ou observações escritas".

Cooperação Jurisdicional

relativas a procedimento, que determinarão o ritual que o juiz nacional deverá seguir.[105]

De todo o modo, a prática européia tem mostrado que os juízes nacionais remetem ao Tribunal de Justiça o pedido de apreciação e julgamento da questão prejudicial, sob a forma de petição, na qual apresentam um relatório dos fatos alegados pelas partes do processo, dos fundamentos jurídicos e das questões prejudiciais de Direito Comunitário que lhe cabe dirimir.

A decisão de proceder o reenvio ao Tribunal de Justiça, pela própria natureza das questões prejudiciais, conforme anteriormente foi abordado, suspende o curso do processo principal, e pode ou não ser objeto de recurso interno, o que também dependerá do sistema recursal adotado por cada Estado-Membro.[106]

A remessa do reenvio prejudicial fica a cargo do escrivão do Cartório, que o faz pela via postal, a quem cabe também a prática de todo e qualquer ato que vise a dar comunicação da existência do reenvio prejudicial às partes, seus advogados e a outros órgãos jurisdicionais, onde tramite processo em que se discuta questão de Direito Comunitário igual ou similar a que foi objeto do reenvio.[107]

Na segunda fase, quando o reenvio prejudicial chega ao Protocolo do Tribunal de Justiça, o trâmite procedimental divide-se em duas fases: escrita e oral, podendo ser estruturado, basicamente, da seguinte maneira[108] (Quadro 1):

---

[105] Na obra *O primeiro reenvio prejudicial de um tribunal português ao Tribunal de Justiça das Comunidades Européias* o autor, José Joaquim Almeida Lopes, juiz do Tribunal Tributário de 2ª Instância, determinou a remessa de um reenvio prejudicial, mas antes oportunizou que o advogado da parte apresentasse sugestões. Estas foram apresentadas e motivaram o aditamento da petição de reenvio por parte do juiz, ocasião em que ele apresentou mais uma indagação ao Tribunal. Coimbra: Almedina, 1992, p. 27-36.

[106] Esta previsão está contida no Artigo 20 do Estatuto do Tribunal de Justiça.

[107] Ver nota 105.

[108] Há certa escassez doutrinária no tocante à análise do procedimento do reenvio prejudicial tanto junto às jurisdições nacionais, quanto perante o Tribunal de Justiça. No entanto, a obra de Mariano Bacigalupo dá idéia de como se desenvolve a ritualística do reenvio prejudicial no Tribunal de Justiça. *Op. cit.*, p. 29-34.

Quadro 1 - **Trâmite procedimental do reenvio prejudicial ao chegar ao Protocolo do Tribunal de Justiça**

FASE ESCRITA	a) publica-se extrato do reenvio no Jornal Oficial da Comunidade Européia; b) o Secretário do Tribunal de Justiça comunica, por carta com aviso de recebimento, ao órgão jurisdicional autor do reenvio a recepção do reenvio pelo Tribunal e o número de ordem; c) comunica, da mesma forma, as partes envolvidas no processo principal, os Estados-Membros, a Comissão e, se for o caso, o Conselho da Comunidade Européia, da recepção do reenvio prejudicial e do direito que estes têm de apresentar observações escritas no prazo de dois meses contados a partir do recebimento da comunicação prevista no artigo 20 do Protocolo do Estatuto da CEE, alertando que passado este prazo não será mais permitida a apresentação de qualquer manifestação escrita nem a juntada de documentos na fase oral; d) esta fase em que se permite apresentação de manifestações escritas não tem caráter contraditório; e) recebidas observações escritas, o Secretário do Tribunal remete à jurisdição nacional a lista de quem as apresentou com as respectivas cópias.
FASE ORAL	a) o Secretário remete comunicação à jurisdição nacional autora, às partes, aos Estados-Membros, à Comissão e ao Conselho da data da audiência para o início da fase oral, delimitando a duração da mesma e instando aos advogados e agentes que comuniquem 15 dias antes da data o seu comparecimento. Na falta de resposta, o Tribunal entende que houve desistência de comparecer; b) juntamente com a última comunicação o Tribunal remete notas destinadas a servir de guia para a fase oral abordando sobre: b1) a finalidade da fase oral; b2) a utilidade das alegações orais; a apresentação de sua estrutura; a necessidade de tradução simultânea nas línguas dos Estados-Membros; o limite de duração das alegações; c) o juiz-relator elabora relatório para a audiência que é remetido à jurisdição nacional autora do reenvio prejudicial; d) o advogado das partes que pretender apresentar alegações orais apresenta ao Tribunal o sumário do que abordará; e) o juiz nacional é comunicado da data em que o advogado-geral apresentará suas conclusões; f) após o Tribunal remete ao juiz nacional cópia das conclusões do advogado-geral; g) por fim há comunicação da data da leitura do acórdão lavrado pelo Tribunal.[109]

Constata-se, desse modo, que, em razão do próprio sentido da existência do reenvio prejudicial, que é permitir o diálogo permanente entre as jurisdições nacionais e a jurisdição do Tribunal de Justiça, não existem regras formais rígidas sobre o seu *modus operandi*, o que leva a concluir que a preocupação do Tribunal de Justiça repousou muito mais no seu conteúdo do que na forma adotada.

---

[109] A referência foi feita com base na obra de Almeida Lopes. *Op. cit.*, 198 p.

Cooperação Jurisdicional

2.2. AS GRANDES SENTENÇAS: A LAPIDAÇÃO DO INSTITUTO DO REENVIO PREJUDICIAL

O instrumento processual do reenvio processual, como visto, é considerado pela doutrina européia como um dos fatores responsáveis pela evolução, consolidação e uniformidade do Direito Comunitário na Europa.

Desde o início de sua atuação, a tomada de posição do Tribunal de Justiça em prol da construção e respeito ao Direito Comunitário, seja quando procedia à interpretação ou decidia acerca da validade de suas regras derivadas, tornou célebres várias sentenças proferidas no âmbito do julgamento de inúmeros reenvios prejudiciais e que servem na atualidade de *leading cases*,[110] responsáveis pela definição precisa dos contornos desta figura de direito processual comunitário.[111]

As fontes doutrinárias apontam que o desempenho do Tribunal de Justiça, no âmbito do reenvio prejudicial, é rico em marchas e contra-marchas, mas é palmar que as construções jurisprudenciais surgidas por ocasião dos julgamentos do Tribunal consistiram na própria condição de sobrevivência do Direito Comunitário europeu. Apropriada é a observação de Ami Barav quando afirma que é a cooperação jurisdicional que anima o reenvio prejudicial e sustenta o seu sucesso.[112]

---

[110] Esta figura jurídica é familiar ao sistema da *common law* - inglês e norte-americano - e é adotada pelos tribunais por ocasião dos julgamentos, os quais para formar seu juízo de convencimento, tomam por parâmetro casos paradigmáticos, anteriormente julgados, atentando mais para estes do que propriamente para os textos legais: Edward D. Re *"Stare Decisis"*, Tradução de Ellen Gracie Northfleet, *Ajuris*, n. 60, Publicações Eletrônicas, p. 106; Metodologia de Interpretação no Direito Comparado, *Ajuris*, Publicações Eletrônicas, n. 64, p. 102-131. No Brasil, com a exasperação da adoção das Súmulas, atribuindo-lhes efeitos vinculantes, seus defensores invocam o sistema de precedentes para justificá-las. Crítica a esta postura pode ser verificada em: "A aplicação do efeito vinculante/Súmula Vinculante no sistema de controle da constitucionalidade brasileiro: As PECs nºs 500/97 (PEC 54/96-SF) e 517/97" Aymoré Roque Pottes de Mello. *In*: *AJURIS, Publicações Eletrônicas*. n. 72, p. 127-154.

[111] Federico Carpi e Paolo Biavati afirmam que o reenvio processual "trata-se de uma atribuição jurisdicional de grande importância, pelo seu relevo prático, pela sua incidência na transformação histórica do ordenamento comunitário e pelos numerosos problemas jurídicos que põe também em relação à competência do juiz nacional". Tradução livre da autora extraída da obra *Dirito Processuale Comunitário*. Milão: Giuffrè, 1994, p. 372-373.

[112] Renvoi préjudiciel. *Op. cit.*, p. 14. "il ne faut pas oublier que c'est la coopération judiciaire qui anime le renvoi préjudiciel et qui soustend son succès".

2.2.1. O órgão nacional autorizado a proceder ao reenvio prejudicial: o conceito de jurisdição

Certamente destaca-se como importante a definição do que seja jurisdição, aos efeitos do Art. 234 do Tratado da Comunidade Européia. Para tal mister existe a chamada tese nacionalista cujos defensores propugnam que o conceito de jurisdição deve originar-se no próprio direito nacional. Em contrário, defensores da tese comunitária sustentam que o conceito deve ser erigido com base no Direito Comunitário.[113]

Se o debate é importante, as exigências de uniformidade da aplicação do Direito Comunitário e o apuramento da noção de jurisdição ao senso do Art. 234 do Tratado da Comunidade Européia implicam dizer que a definição desta não poderia ter sido deixada às jurisdições nacionais. A noção de jurisdição era de difícil definição, em inúmeras situações, porquanto variava de um Estado-Membro para outro. Não se poderia, à evidência, buscar em cada direito interno a resposta para tal questão. Foi por esta razão, no pensar de Denys Simon, que os juízes comunitários foram precisando, progressivamente, a natureza das autoridades habilitadas a provocar a Corte através do reenvio prejudicial.[114]

Era preciso escolher:

a) recorrer ao direito dos Estados-Membros e considerar como órgão juridicional qualquer um que assim fosse definido pelo direito interno ou;

b) buscar critérios com vistas a definir determinado órgão nacional como jurisdicional.

Coube, então, ao Tribunal de Justiça, através de sua jurisprudência, afirmar que a noção de jurisdição, tal como apregoada naquele dispositivo, é uma noção eminentemente comunitária. Porém, ao construí-la, levou em consideração as construções nacionais mediante princípios gerais comuns ao direito dos Estados-Membros. Isso não excluiu, porém, o fato de que sua jurisprudência, paulatinamente, precisou as autoridades nacionais habilitadas a provocá-la a este título.

Foram inúmeros reenvios prejudiciais remetidos ao Tribunal que o levaram a estabelecer critérios materiais, orgânicos e procedi-

---

[113] Abel Laureano. *Op. cit.*, p. 113.
[114] *Le système juridique communautaire. Op. cit.*, p. 489.

Cooperação Jurisdicional

53

mentais para definir o caráter de jurisdição.[115] Dentre outros, é preciso destacar:

a) a origem legal do órgão;
b) seu caráter permanente;
c) ser a jurisdição obrigatória;
d) obedecer ao princípio do contraditório;
e) aplicação das regras legais.[116]

No caso *Vaassen-Goebbels/Beambtenfonds voor het Mijnbedriff*,[117] o TJCE, provocado pelo *Scheidsgerecht*,[118] não considerado pelo direito interno holandês como integrante do poder jurisdicional, reconheceu o seu caráter de jurisdição de acordo com o Art. 234 do Tratado, após ter analisado em que condições o mesmo tinha sido instituído e qual era o seu regime de funcionamento, concluindo, ao final, que ele preenchia os requisitos necessários para corresponder à noção comunitária de jurisdição.

No caso concreto, o Tribunal de Justiça enfatizou a origem legal do *Scheidsgerecht*, com base nos seguintes motivos:

a) a intervenção dos poderes públicos para a elaboração de seu regulamento;

b) o caráter permanente e obrigatório de sua competência para decidir em determinados litígios, resultando daí a natureza especial deste órgão;

c) o fato de que as decisões eram tomadas com base na regra de direito, e não com base na eqüidade;

d) a evidência de que o processo perante ele estabelecido obedecia ao princípio do contraditório.

Esse processo, assim, foi o marco de uma jurisprudência constante do Tribunal de Justiça para reconhecer o caráter jurisdicional dos órgãos estatais, ainda que assim não fossem considera-

---

[115] Ami Barav e Chistian Philip. *Op. cit.*, p. 926, referem sobre esta divisão dos critérios.

[116] Joël Rideau elenca, além dos cinco critérios acima referidos, mais um: a missão de conhecer os litígios de maneira geral. *Droit institutionnel de L'Union et des communautés européennes*. 3. ed. Paris: L.G.D.J, 1999, p. 850. A doutrina européia sobre o tema é farta.

[117] TJCE. *Recueil*. Aff. nº 61/55. *Veuve G. Vaasen-Göbbels e Direction du Beambtenfonds voor het Mijnbedriff*. 30 de junho de 1966, p. 394-395.

[118] É o tribunal arbitral holandês instituído no âmbito do sistema de segurança social dos mineiros deste País. A referência é feita por grande parte da doutrina sobre o tema. Contudo, importantes são as considerações de Ami Barav e Christian Philip. *Op. cit.*, p. 926.

dos nos seus respectivos Estados.[119] O contrário, segundo a jurisprudência do Tribunal, também é verdadeiro, na medida em que ao olhar do Direito Comunitário ela poderia não considerar como jurisdição um órgão que gozasse desta condição no direito interno, como abaixo se verá.

A originalidade desta conclusão não tem outro nascedouro que o primado da regra comunitária - no caso, o Art. 234 -, sobre as regras internas, já que a mesma tem por finalidade preservar o caráter comunitário do direito instituído pelo Tratado, assegurando a sua uniformidade de aplicação. Com base nesta premissa, em inúmeras oportunidades em que o Tribunal de Justiça decidiu, procedeu com acentuado grau de liberalidade.[120]

Em algumas oportunidades, porém, a Corte recusou-se a decidir a título prejudicial, por não ter reconhecido o caráter jurisdicional do órgão que a suscitou. Nestas ocasiões, impôs elementos novos àqueles antes referidos. Ami Barav e Chistian Philip citam o caso J. Borker,[121] advogado francês, membro da Ordem dos Advo-

---

[119] Jurisprudência recente do TJCE mostra que a posição deste Tribunal é contínua, conforme indicam os processos *Dorsch Consult Ingenieurgesellschaft e Bundesbaugesellschaft Berlin*, Aff. nº C-54/96, de 17 de setembro de 1997, publicado no *Recueil* p. I-4961, cujo reenvio foi suscitado pela Comissão Federal alemã de Vigilância de marcas e *Jokela e Pitkäranta*, Aff. C-9/97 e C-118/97, de 22 de outubro de 1998, publicado no *Recueil*, p. I-6267, cujo reenvio foi suscitado por uma Comissão Finlandesa de recursos de Atividades Rurais *Apud* Joël Rideau. *Op. cit.*, p. 850-851.

[120] No caso Brokmeulen, o Tribunal foi provocado pela via do reenvio, por uma Comissão de recursos em matéria de medicina geral da Holanda, que não possui caráter jurisdicional neste País, mas, antes, é um organismo de direito privado. O requerente, tendo sido autorizado a exercer a profissão médica pela Secretaria de Estado e Saúde Pública daquele País, teve seu registro negado pela Comissão de Registros. Recorreu à Comissão de Recursos e esta entendeu por recorrer ao Tribunal. Este reconheceu o seu caráter jurisdicional, ao senso do Art. 234, porque entendeu que a composição da Comissão era formada por autoridades públicas e que seus membros eram nomeados por cinco anos e suas decisões eram tidas como definitivas. Ademais, o processo obedecia ao contraditório e inexistia uma via de recurso efetivo às vias ordinárias de jurisdição. *Recueil*. Aff. n. 246/80. C. Broekmmeulen e Huisarts Registratie Comissie. 06 de outubro de 1981, p. 2311. No processo *Fédération des employés de commerce et de bureau du Danemark à la Confédération danoise du patronat*, o Tribunal foi suscitado por um tribunal arbitral categorial, especialmente constituído para resolver litígios específicos para cada categoria de trabalhadores, conforme prevêem as leis dinamarquesas. Ainda que não tivesse caráter jurisdicional no seu Estado, o Tribunal reconheceu-o, à luz do direito comunitário, pelo fato, especialmente, de que a competência do Tribunal arbitral era obrigatória e que o nome dos membros e a forma de nomeá-los, se omissas as partes, seriam fixados pela lei. *Recueil*. Aff. n. 109/88. 17 de outubro de 1989, p. 3199.

[121] *Recueil*, Aff. 138/80 de 18 de junho de 1980. *Op. cit.*, p. 929.

Cooperação Jurisdicional

gados de Paris, que foi impedido de representar determinado cliente perante um tribunal de instância superior da cidade de Colônia, na Alemanha. O advogado dirigiu-se ao Conselho da Ordem dos Advogados de Paris para que este se pronunciasse sobre o seu direito de exercer sua profissão na Alemanha. O Conselho, antes de decidir, suscitou a título prejudicial o Tribunal de Justiça em matéria de interpretação de uma Diretiva do Conselho que disciplinava sobre livre prestação de serviços pelos advogados.[122] Apreciando o reenvio, o Tribunal de Justiça considerou-se incompetente para julgar, porque concluiu que a decisão do Conselho da Ordem do Advogados não tinha caráter jurisdicional.

É preciso evidenciar, no entanto, que o primado do Direito Comunitário e a necessidade de interpretá-lo para garantir a uniformidade de sua aplicação e a plenitude de seus efeitos levou a Corte a tomar decisões emblemáticas. Mostra disso são os reenvios prejudiciais suscitados pelos *Pretori* italianos,[123] os quais no exercício da função podem ou não praticar atos de natureza jurisdicional. O Tribunal de Justiça chamado a interpretar o Direito Comunitário, num reenvio conhecido como *Pretore de Salo*, reconheceu sua competência, ainda que a jurisdição que o provocou praticasse alguns atos sem caráter jurisdicional.[124]

O Tribunal de Justiça não parou por aí. Ousou contra a sua própria jurisprudência, que repousava no processo *Vaasen-Göbbels*, para admitir a possibilidade de ser provocado pela via do reenvio prejudicial, mesmo quando ausente o caráter contraditório, como quando o juiz suscitante atuava em demanda de urgência, tutelando o direito da parte do processo sem ouvir a parte contrária, o que foi reconhecido no famoso processo *Simmenthal*.[125]

Esta não foi a percepção do Tribunal de Justiça quando no processo *Nordsee*[126] foi confrontado a um processo pendente perante árbitro privado escolhido pelas partes. Declarou-se incompetente,

---

[122] O Conselho é uma das instituições das Comunidades Européias. Tem poder de decisão e sua disciplina está prevista nos artigos 202 a 210 do Tratado da Comunidade Européia.

[123] São juízes penais italianos que cumulam a função de Ministério Público, bem como de instrução.

[124] TJCE. *Recueil*. Aff. nº 14/86, 11 de junho de 1987.

[125] *Recueil*. Aff. nº 70/77. Simmenthal S/A e Administration de Finances. 21 de junho de 1978. p. 1453, 1978.

[126] *Recueil*. Aff. 102/81. Nordsee Deutsche Hochesseefischerei GmbH e Reederei Mond Hochesseefischerei Nordstern Ag & Co-KG e Reederei Friedridh Busse Hochesseefischerei Nordstern AG & Co-KG. 23 de março de 1982, p. 1110.

num primeiro momento, porque entendeu que não havia nenhuma obrigação de fato ou de direito para as partes submeterem seus litígios à arbitragem. E, em segundo lugar, concluiu que as autoridades públicas alemãs não estavam envolvidas no processo de arbitragem e sequer foram chamadas a intervir de ofício. Na alínea 13 do seu Acórdão, o Tribunal arrematou afirmando que não havia nenhum laço entre o processo de arbitragem com as vias de recurso legais do Estado-Membro, o que significava dizer que não se poderia qualificar a arbitragem como jurisdição de um Estado-Membro.

Outros processos também serviram de marco, porquanto permitiram ao Tribunal moldar o conceito de jurisdição no sentido posto pelo Art. 234, nos quais ele decidiu que desimportava se o órgão suscitante era considerado como jurisdicional no seu Estado de origem, pois a última palavra no tocante a tal definição era unicamente prerrogativa sua, quando envolvida a aplicação do Direito Comunitário.[127]

Os processos acima referidos, portanto, ilustram que a definição do que seja jurisdição nacional dependeu apenas da tomada de posição do Tribunal de Justiça, sem qualquer interferência dos Estados-Membros. Neste mister, o mesmo nunca questionou sobre o fato da composição do órgão nacional que considerou como jurisdicional ser regular ou não, e concluiu que sequer lhe caberia investigar se a decisão de reenvio foi tomada de acordo com as regras procedimentais do direito interno, conforme foi evidenciado no famoso caso *Reina*.[128]

Portanto, é certo que, para definir se determinado órgão nacional era ou não jurisdicional, a fim de possibilitar o uso da via do reenvio prejudicial, o Tribunal de Justiça da Comunidade Européia ateve-se menos na denominação que lhe fez o Estado-Membro, e mais na sua função e lugar que ocupa no sistema de proteção jurisdicional do Estado a que pertença.

---

[127] Sobre isso, no processo de *Pierre Corbiau e Adminstration des contributions*, o Tribunal foi provocado pelo diretor de contribuições de Luxemburgo, reconhecido pelo direito interno como órgão jurisdicional, ocasião em que não lhe reconheceu esta condição porque entendeu ser destituído da qualidade de terceiro para proferir a decisão, faltando-lhe, portanto, o caráter de independência indispensável ao reconhecimento da qualidade de órgão juridicional. TJCE. *Recueil*. Aff. 24/92. p. I - 1304, 1993.

[128] *TJCE. Recueil*. Aff. 65/81. Francesco Reina e Letizia Reina e Landskrditbanc Baden-Württemberg. 14 de janeiro de 1982, p. 43.

Cooperação Jurisdicional

A missão de guardião da legalidade do Direito Comunitário que foi confiada ao Tribunal de Justiça pelos Tratados constitutivos impôs-lhe chamar a si a tarefa de definir jurisdição, pois não se poderia pensar que fosse deixado aos Estados-Membros realizá-la, sem se correr o risco de que segmentos da vida econômica e social pudessem escapar do seu controle, comprometendo o objetivo e a eficácia do reenvio prejudicial e a própria uniformidade de aplicação do Direito Comunitário.

As últimas estatísticas[129] publicadas pelo Tribunal de Justiça comprovam esta construção jurisprudencial feita no seio do reenvio prejudicial, já que dentre as jurisdições de cada Estado-Membro, listadas por terem feito uso do mecanismo do reenvio prejudicial, encontra-se um elevado número deles de autoria de "outras jurisdições", as quais, presume-se assim sejam definidas em conseqüência do entendimento "liberal" do Tribunal, atribuindo-lhes esta condição, muitas vezes, sem que as possuam nos seus respectivos Estados.

2.2.2. Objeto do reenvio prejudicial

Nos termos do artigo 234 do Tratado da Comunidade Européia, o Tribunal de Justiça, por um lado, tem competência para decidir a título prejudicial quando realiza a interpretação do Direito Comunitário originário e derivado e, por outro, quando aprecia a validade deste último. Relaciona-se a esta matéria o objeto do mecanismo prejudicial.

2.2.2.1. Os reenvios em interpretação

A interpretação do Direito Comunitário é realizada de maneira ampla e abrangente pelo Tribunal, segundo aponta Denys Simon, pois neste mister, a sua jurisprudência tem levado em conta todos os elementos hábeis a precisar o significado e a extensão dos textos legais que constituem as questões prejudiciais veiculadas através do reenvio prejudicial.[130] Não é objeto deste, porém, veicular o direito interno, porquanto este passa ao largo da competência do Tribunal de Justiça.

---

[129] Ver Tabelas 1 e 2, p. 93-94.
[130] Denys Simon. *Op. cit.*, p. 840.

2.2.2.1.1. A interpretação dos tratados constitutivos. O objeto do reenvio prejudicial em interpretação pode referir-se a todo o Direito Comunitário primário, o que significa dizer que abriga não somente o texto dos Tratados constitutivos, mas toda e qualquer disposição que tenha o mesmo valor jurídico, como os Protocolos e Anexos, na linha do que preceitua o artigo 311 do Tratado da Comunidade Européia.[131] Nesse sentir, o Tratado de Fusão, assinado em 8 de abril de 1965, cuja entrada em vigor ocorreu em 1967; o Ato Único Europeu assinado em 14 de fevereiro de 1986, com início de vigência datada de 1º de julho de 1987; o Tratado de Maastricht[132] e o de Amsterdam, compõem o quadro do Direito Comunitário originário e, por tal condição, podem ser interpretados pelo Tribunal de Justiça no tocante às matérias pertencentes à competência da ordem comunitária.[133]

2.2.2.1.2. A interpretação do direito derivado. No tocante ao Direito Comunitário derivado, o Tribunal de Justiça entendeu que possui competência para interpretar qualquer ato emanado de Instituição comunitária, ainda que o mesmo não tenha efeito direto. Repousa neste entendimento a fundamentação que teve oportunidade de apresentar por ocasião do julgamento do processo *Mazzalai e Ferrovia del Renons*,[134] no qual foi interpretada uma Recomendação.

Maurice-Chistian Bergerès oferece informação precisa sobre o tema, referindo que, no exercício interpretativo, o Tribunal de Justiça o pratica com relação a certos atos informais, como as Resoluções do Conselho, considerando que se tratam de "atos que

[131] O Art. 311 do Tratado da CE refere: "Os Protocolos que de comum acordo entre os Estados-membros forem anexados ao presente Tratado, fazem dele parte integrante".

[132] O artigo 46 deste Tratado limita a atuação do Tribunal de Justiça aos seguintes casos: a) às disposições dos Tratados da CE, CEEA e CECA que ele próprio estava a modificar; b) às disposições de seu Título VI, que trata das matérias relativas à cooperação policial em matéria penal, nos limites estabelecidos pelo artigo 35; c) às disposições de seu Título VII, que trata da cooperação reforçada entre os Estados-membros, atentando-se às disposições do artigo 11 do Tratado da Comunidade Européia; d) à matéria do nº 2 do artigo 6º no que respeita às ações das instituições. Por isso, o Tribunal de Justiça no processo *Juan Carlos Grau* negou-se a interpretar as disposições gerais do Tratado de Maastricht *Recueil*. Aff. C-167/94, p. I-1023, de 7 de abril de 1995. *Apud*. Joël Rideau. *Op. cit.*, p. 841.

[133] Joël Rideau. *Op. cit.*, p. 34 e 840.

[134] TJCE. *Recueil*. Aff. 111/75, p. 665, de 20 de maio de 1976. *Apud*. Ami Barav. *Op. cit.*, p. 934.

Cooperação Jurisdicional

exprimem unicamente a vontade política de seus autores",[135] os quais também são chamados de "atos sem nomeclatura".[136]

O direito que o Tribunal de Justiça reconheceu a si próprio, de interpretar os atos das Instituições comunitárias é, no entendimento de Joël Rideau, mais uma garantia que assegura a interpretação uniforme do Direito Comunitário.[137] Bem por isso, segundo o autor, a doutrina reconhece o direito do Tribunal de interpretar os atos dos organismos consultivos, econômicos e sociais, do Comitê das Regiões e do Banco Central Europeu, este já inserido na previsão do Art. 234.

Esta competência interpretativa, todavia, não se esgota nos atos das Instituições em sentido estrito. Uma jurisprudência constante tem evidenciado que o Tribunal chama a si a incumbência de interpretar os acordos internacionais concluídos pela Comunidade, porque entende que a mesma decorre da regra inserta no Art. 234, al. 1, *b*, do Tratado da Comunidade Européia e considera tais acordos como "atos tomados pelas Instituições comunitárias", como fez constar pioneiramente no processo *Haegmam* e *Belgique*.[138]

O processo conhecido como *International Fruit Company III* encerra a posição do Tribunal de que acordos concluídos pelos Estados-Membros e que contenham matérias que caibam à Comunidade disciplinar, também entram na sua competência interpretativa.[139]

De outro modo, a jurisprudência do Tribunal reconheceu sua competência interpretativa para os denominados *acordos mistos*,[140] restringindo-se às cláusulas que se relacionavam à matéria comunitária, sendo emblemático, neste sentido, o processo *Demirel*, cujo objeto litigioso tratava de um acordo de associação entre a Comunidade e a Turquia.[141] O Tribunal entendeu, neste caso, que um ato concluído pelo Conselho era um ato tomado por uma das Instituições

---

[135] *Op. cit.*, p. 256.

[136] Neste sentido é o pensamento de Ami Barav e Christian Philip, lembrando sobre o caso *Schuluter e Hauptzollamt Lörrach e outros. Recueil.* Aff. 9/73 de 24 de outubro de 1973. *Op. cit.*, p. 934.

[137] *Op. cit.*, p. 842.

[138] TJCE. *Recueil.* Aff. 181/73. 30 de abril de 1974, p. 449.

[139] TJCE. *Recueil.* Aff. 21 a 24/72. International Fruit Company N.V e outros e Produktschap voor Groeten en Fruit.12 de dezembro de 1972, p. 1219.

[140] São acordos concluídos pela Comunidade e seus Estados-Membros com terceiros Estados, Rideau. *Op. cit.*, p. 845.

[141] *Recueil.* Aff. 12/86. Meryem Demirel e Ville de Schwabisch Gmünd. 30 de setembro de 1987, p. 3751.

da Comunidade e que, em razão da natureza do mesmo, especialmente pelo fato de criar laços particulares e privilégios com um terceiro Estado, possuía competência para interpretá-lo.

Vale observar, no entanto, que um posicionamento deste quilate poderia muito bem gerar riscos de conflitos de interpretação entre o Tribunal de Justiça e as autoridades nacionais, pelo simples fato de que poderia haver dificuldade de separar, diante da natureza do acordo misto, o que seria matéria comunitária ou não, isto é, o que seria de competência dos Estados-Membros e da Comunidade. No processo *Sevince* a posição firmada no processo anterior foi reproduzida.[142]

A decisão mais antiga nesta matéria, segundo Joël Rideau,[143] foi prolatada nos autos do processo *International Fruit Company III*, acima referido, onde o Tribunal sacramentou sua posição em defesa de sua competência interpretativa, relativamente aos acordos concluídos pelos Estados-Membros com terceiros.

O Tribunal também considerou-se competente para interpretar atos oriundos de órgãos criados por acordos internacionais e que são considerados como integrantes da ordem jurídica comunitária, como ocorreu em vários acordos de associação, do que são exemplos o caso *Sevince* anteriormente citado e, recentemente, o acordo de associação entre a Comunidade Européia e a Turquia, quando ao Tribunal foram submetidas decisões tomadas pelo Conselho da Associação.[144]

A interpretação dos princípios gerais do Direito aplicáveis à ordem jurídica comunitária, da mesma maneira, faz parte da competência do Tribunal. Curiosa é a atribuição que reservou a si de interpretar seus próprios acórdãos, os quais podem constituir matéria prejudicial, de forma a ensejar nova ordem de reenvio de iniciativa da mesma jurisdição nacional que anteriormente foi a autora de outro reenvio, como bem demonstra o famoso caso Bosch.[145]

Estatutos de organismos criados por um ato do Conselho ou de outros organismos comunitários também podem ser interpretados, assim como cabe interpretar o direito nacional quando este conte-

---

[142] TJCE. *Recueil*. Aff. C-192/89. S.Z. Sevince e Staatssecretaris van Justitie. 20 de setembro de 1990, p. I-3461.

[143] *Op. cit.*, p. 845-846.

[144] O processo é o de nº C-36/96, ocorrido entre Faik Günaydin e Freistaat Bayern, de 30 de setembro de 1997. Apud Joël Rideau. *Op. cit.*, p. 846.

[145] TJCE. *Recueil*. Aff. 135/77. Bosch e Haupzollamt Hidsheim. 16 de março de 1978, p. 855.

nha alguma norma que remeta à aplicação do Direito Comunitário, ou quando eventual cláusula contratual também assim o faça. Neste caso, o Tribunal limita sua atuação a estas cláusulas, sem poder se imiscuir nas demais regras do contrato.[146]

Não pertine, porém, à competência do Tribunal, a possibilidade de interpretar os acordos e convenções firmados entre os Estados-Membros, a não ser que eles próprios contenham cláusula que lhe defira tal possibilidade.[147]

Esta é a posição atual da jurisprudência comunitária concernente aos reenvios prejudiciais em interpretação.

2.2.2.2. Os reenvios em apreciação de validade

Não seria possível ao Tribunal manter a uniformidade de aplicabilidade do Direito Comunitário derivado se não lhe fosse garantido apreciar a sua validade. O controle exercido neste sentido envolve a legalidade interna e externa dos atos tomados pelas Instituições comunitárias e pelo Banco Central Europeu.

Este controle realizado pela via do mecanismo do reenvio prejudicial, em muito se assemelha com aquele que se veicula através da ação de anulação, regulada pelo artigo 230 do Tratado da Comunidade Européia, segundo assevera Moitinho de Almeida.[148] Poderia pensar-se que, neste caso, haveria sobreposição de ações, pois os Estados-Membros, o Conselho a Comissão ou qualquer cidadão detém legitimidade para promovê-la.[149]

No entanto, nos moldes dos sistemas processuais adotados em grande parte dos países, especialmente do direito continental europeu e da América Latina, o resultado buscado pelas partes pode ocorrer em juízo por diferentes instrumentos processuais. Aqui, ocorre situação mais vantajosa ainda, ante o prazo prescricional exíguo de dois meses para a propositura da ação de anulação, qual seja a de buscar junto ao Tribunal, através do reenvio, a legalidade dos atos comunitários.[150] Isso ocorrerá, no entanto, desde que os juízes nacionais busquem a atuação cooperativa do Tribunal, atitu-

---

[146] Moitinho de Almeida. *Op. cit.*, p. 13.

[147] O tema foi abordado no processo Bernd Giloyhauptzllamt Frankfurt am Main-Ost. TJCE. *Recueil*, Aff. C-130/95, 17 de julho de 1997, p. I-4291.

[148] *Op. cit.*, p. 19.

[149] Adroaldo Furtado Fabrício. *Op. cit.*, p. 45.

[150] Item 5 do Art. 230 do Tratado da Comunidade Européia.

de que ora lhes será obrigatória, ora lhes será facultativa, conforme será analisado abaixo.

As questões ligadas à validade dos atos comunitários não poderiam ser compreendidas diferentemente daquelas ligadas à interpretação, razão por que o entendimento do que seja um ato de instituição comunitária é rigorosamente o mesmo.

Anteriormente, foi referida a possibilidade que têm os juízes nacionais, destinatários da decisão proferida nos reenvios prejudiciais ou, até mesmo, juízos terceiros, de proceder a novo reenvio, com o objetivo de obter a interpretação do anterior. O mesmo pode ser afirmado em matéria de validade. O Tribunal de Justiça, no caso *Wünsche*,[151] expressou este entendimento, afirmando da possibilidade de ser reinterrogado pela mesma jurisdição nacional, desde que esta encontre dificuldades de compreensão ou de aplicação do acórdão anterior, condicionando-a, todavia, a apresentar novas questões de direito ou novos elementos capazes de conduzi-lo a decidir diferentemente a uma questão anteriormente posta, conforme sublinharam Ami Barav e Christian Philip.[152] Entretanto, não é possível examinar a validade de seus acórdãos, porque uma solução contrária atentaria contra a autoridade dos mesmos.[153] Com efeito, os acórdãos do Tribunal fazem as vezes de coisa julgada.[154] Diante da ausência de partes no reenvio, clara está também a impossibilidade de que as decisões nesse quadro sejam objeto de recurso extraordinário.[155]

De todo o modo, cabe referir que no contexto geral dos reenvios prejudiciais enviados ao Tribunal de Justiça, Maurice C. Bergerès anota um desequilíbrio quantitativo, pelo fato de que os que veiculam questão prejudicial em matéria de validade apresentam-se em número em muito inferior aos de interpretação.[156] É necessário considerar, mediante esta constatação, que se estreitam as vias de discussão em matéria de validade, por um lado, em razão da situação denunciada pelo autor citado, pois, afinal, são os juízes nacionais que monopolizam a decisão de reenviar ou não. Por outro, em razão do prazo prescricional da ação de anulação ser

---

[151] TJCE. *Recueil.* 5 de março de 1986. Aff. 69/85. *Wunsche e Bundesamt für Ernaehrung und Forstwirtschft*, p. 947, 1986.

[152] *Op. cit.*, p. 943.

[153] *Op. cit.*, p. 849. Na mesma linha, o autor citou o processo que envolvia Reisebüro Binder GmbH. *In*: TJCE. *Recueil.* Aff. C-116/96, p. I-1889, 1998.

[154] Wünsch. *Op. cit.*

[155] Marco Darmon. *Op. cit.* p. 160, parágrafo 311.

[156] *Op. cit.*, p. 253.

Cooperação Jurisdicional

reduzido, uma vez que nela o cidadão encontraria outro canal para discutir a legalidade comunitária.

A natureza da questão prejudicial surgida ante os juízos nacionais poderá gerar para os mesmos dever ou faculdade de ordenar o reenvio prejudicial. Desse tema, trata o item seguinte.

2.2.3. Faculdade ou obrigatoriedade de reenviar?

O teor do artigo 234 do Tratado da CEE poderia levar ao entendimento de que os juízes nacionais, quando acometidos de dúvida para interpretar ou apreciar a validade de uma norma comunitária, estivessem obrigados a encaminhar o reenvio prejudicial ao Tribunal. Este entendimento teria como conseqüência, ante o efeito suspensivo das questões prejudiciais, o entravamento dos processos ante as jurisdições nacionais muitas vezes lesivo aos interesses das partes que buscam o resultado rápido do litígio. De outro modo, atribuir-se ao reenvio prejudicial, genericamente, caráter facultativo, atentaria seriamente contra a unidade do Direito Comunitário.

Foi preciso chegar-se a uma situação intermediária. Neste sentido, o Tribunal entendeu que a vontade dos autores do Tratado que instituiu a Comunidade Européia estabeleceu as duas situações.

Assim, o teor do artigo 234, 3, do Tratado e as construções pretorianas do Tribunal, tornaram obrigatórias para os juízes nacionais as ordens de reenvio, apenas quando estes estivessem a julgar em última instância, desimportando a natureza da matéria, se de validade ou interpretação.

O Tribunal de Justiça atribuiu, no entanto, caráter obrigatório fosse ou não a decisão de última instância, quando o juiz nacional estivesse a decidir sobre a invalidade do Direito Comunitário, como abaixo se verá. Recentemente, com a inserção do Título IV no Tratado a Comunidade Européia, o Tribunal de Justiça teve sua competência ampliada às matérias nele previstas, prevendo o artigo 68, 1, expressamente, a obrigatoriedade do reenvio prejudicial, no caso de ser a decisão do órgão jurisdicional nacional de última instância, repetindo, portanto, o que já constava no artigo 234.[157]

---

[157] Para assegurar a livre circulação de pessoas no espaço comunitário, sem ofender a segurança e as liberdades dos cidadãos, o Tratado procedeu à incorporação na competência da Comunidade Européia de várias matérias que antes estavam inseridas no Terceiro Pilar comunitário (assuntos internos e Justiça). A incorporação parcial de tais matérias foi feita no Título IV que trata sobre vistos,

O artigo 234 do Tratado da Comunidade Européia estabelece distinção entre duas categorias de jurisdições nacionais:

a) aquelas que decidem em última instância, não sendo interponível mais nenhum recurso de direito interno;

b) outras jurisdições que não decidam em última instância.

A importância de uma tal distinção reside na obrigatoriedade de reenvio para as jurisdições primeiramente elencadas e na facultatividade de o fazerem para as segundas.[158] Neste sentido, no mínimo curiosa é a omissão dos autores do Tratado de Amsterdam quando, ao redigirem o texto que deu origem ao artigo 68, não referiram sobre a facultatividade do reenvio prejudicial, mas apenas ao dever das jurisdições nacionais de última instância, para as

---

asilo, imigração e outras políticas relativas à livre circulação de pessoas. Assegurando a competência da Corte de Justiça, o texto do artigo 68, 1, prevê: "O artigo 234 é aplicável ao presente Título, nas circunstâncias e condições a seguir enunciadas: sempre que uma questão sobre a interpretação do presente Título ou sobre a validade ou interpretação dos atos adotados pelas Instituições da Comunidade com base no presente Título seja suscitada em processo pendente perante um órgão jurisdicional nacional cujas decisões não sejam suscetíveis de recurso judicial previsto no direito interno, esse órgão, se considerar que uma decisão sobre essa questão é necessária ao julgamento da causa, deve pedir ao Tribunal de Justiça que sobre ela se pronuncie".

[158] Repousa aqui uma dificuldade: o que deveria ser entendido como jurisdições nacionais que decidem sem que contra tal decisão caiba recurso judicial de direito interno? Não é à unanimidade que a doutrina cuida do tema. No entanto, o certo é que desimporta se a aludida decisão seja proferida por tribunal de última instância ou por jurisdição inferior, desde que, segundo as regras processuais nacionais, não caiba mais recurso. Discussão houve se as decisões do tribunais constitucionais estariam inclusas nas previsões do ex-Art. 177, pelo papel particular que desempenham no cenário jurisdicional de cada país e pelo grau de hierarquia que ocupam. Pioneiro, porém, em 29.5.74 foi o *Bundesverfassungsgericht* (Tribunal Constitucional alemão) quando decidiu que o ex-Art. 177 lhe seria aplicável. Ver João Mota de Campos: *Direito Comunitário*. 2. ed. Lisboa: Fundação Calouste Gulbenkian, 1988, 2v. v. 2. p. 407-409. As estatísticas judiciárias da Corte de Justiça, relativas ao ano de 1999, mostram que o Tribunal Constitucional alemão suscitou o trabalho do Tribunal de Justiça por 1162 vezes desde a criação deste, assim como o fizerem as Cortes Supremas de inúmeros outros países membros da União Européia (Ver Tabela 2, p. 94). Joël Rideau também lembra que no longínquo ano de 1963 no processo Da Costa e *Schaake/Administration fiscale néerlandaise*, a Corte de justiça decidiu que a obrigatoriedade de reenvio não se destinava apenas às jurisdições superiores, mas também às inferiores que julgassem em última instância. Referiu, também, a posição da Corte em reconhecer a qualidade de jurisdição de última instância ao *Hoge Raad néerlandais* no processo Parfums Christian Dior e Évora no julgamento de 4 de novembro de 1997. *Op. cit.*, p. 853. O Relatório de estatísticas judiciárias antes citado mostra, de igual forma, que o *Hohe Haad der Nederlanden* suscitou a Corte por 94 vezes.

Cooperação Jurisdicional

matérias previstas no Título IV, atentando-se, é bom referir, para as exceções referidas na alínea 2 do mesmo dispositivo que limita a atuação do Tribunal de Justiça.[159]

Esgotadas as possibilidades de reanálise das decisões nacionais pela via recursal interna, explica-se a obrigatoriedade de usar da via do reenvio prejudicial, seja em matéria de interpretação ou de apreciação de validade, para evitar a construção de jurisprudência nacional incompatível com os propósitos e princípios do Direito Comunitário, permitindo-se, assim, uma leitura uniforme da norma do sistema jurídico da Comunidade.[160]

A posição do Tribunal nem sempre foi tão clara e insofismável assim, na medida em que é preciso considerar que em inúmeras situações ela atenuou a obrigação de reenvio que recaía sobre as jurisdições nacionais que julgavam em última instância.

A constatação desta realidade pôde ser feita no famoso processo *Cilfit*,[161] através do qual o Tribunal veio admitir, ainda que com reservas, a denominada *Teoria do Ato Claro*,[162] cujos fundamentos dispensariam as jurisdições nacionais obrigadas a proceder o reenvio prejudicial, de o fazer, porque entendeu o Tribunal que, em certos casos, "a aplicação correta do Direito Comunitário impõe-se com uma tal evidência que não deixa lugar a nenhuma dúvida razoável sobre a maneira de resolver a questão posta".[163]

Neste caso, o Tribunal submeteu esta eventualidade ao preenchimento de três condições:

a) o juiz nacional deveria levar em conta as características próprias do Direito Comunitário, especialmente as especificidades dos conceitos e dos princípios que informam a ordem jurídica comunitária;

b) as dificuldades particulares de interpretação do Direito Comunitário e;

---

[159] A alínea 2 refere que o Tribunal de Justiça não tem competência em caso algum para se pronunciar sobre medidas ou decisões referentes à manutenção da ordem pública e à garantia da segurança interna.

[160] Ami Barav e Christian Philip. *Op. cit.*, p. 935.

[161] TJCE. *Recueil*. Aff. 283/81. 6 de outubro de 1982 .Srl Cilfit e Lanifício di Cavardo SpA e Ministério da Saúde, p. 3415.

[162] Martha Lucia Olivar Jimenez, abordando sobre a renitência das jurisdições francesas em admitir a primazia das normas comunitárias sobre a ordem nacional, esclarece que foram o Conselho de Estado francês e a jurisprudência administrativa que adotaram esta teoria, criada em 1964 pelo Supremo Tribunal Administrativo, numa evidente posição nacionalista, como argumento para escapar da obrigação de reenvio extraída do ex- Art. 177 do Tratado e afirma que a Corte de Justiça, em inúmeros casos, acabou por aceitar a Teoria em comento. *Op. cit.*, p. 54.

[163] Acórdão Cilfit. *Op. cit.*, p. 3430-3431, ponto 21.

c) as diferentes versões lingüísticas dos Tratados e do direito derivado, o que poderia acarretar o risco de divergências de jurisprudência no seio da Comunidade.[164]

Não bastasse isso, a Corte frisou que o reconhecimento dessa clareza também deveria ser imposta aos outros Estados-Membros e a ela própria.

É preciso evidenciar, porém, que esta construção jurisprudencial encontrou adeptos e opositores. Mota de Campos diz que entre os primeiros, predomina a tese de que os Tribunais nacionais, diante do caso concreto, bem capazes são de discernir se há ou não dificuldade de interpretação da regra comunitária.[165] Para os que advogam posição contrária, afirmam que disposições do Direito Comunitário consideradas perfeitamente claras revelam-se, mais tarde, fruto de infindáveis dificuldades de interpretação. De todo o modo, é indesmentível que a Corte, por inúmeras vezes, adotou a Tese do Ato Claro.

Para Maurice C. Bergerès, a *Teoria do Ato Claro* teve o mérito, sobretudo, de chamar a atenção para um fenômeno "irredutível': o de que a interpretação não pode ser solicitada em todos os casos.[166] Além disso, permitiu que o Tribunal de Justiça interpretasse à sua moda a referida Teoria, libertando-a de seus vícios. E isto, segundo o autor, foi realizado no processo *Cilfit*.

Neste mesmo processo, o Tribunal, embasando-se em outro fundamento, afastou a obrigatoriedade da jurisdição nacional que decidiu em última instância de suscitá-lo pela via do reenvio prejudicial, se esta concluísse pela falta de pertinência da questão comunitária invocada no processo.

A existência de decisões precedentes do Tribunal sobre matéria idêntica a outra colocada em causa noutro processo, fez com que ele também construísse jurisprudência dispensando o reenvio prejudicial, ainda que fosse o caso de obrigatoriedade, conforme foi exposto no processo *Da Costa*.[167] Vê-se aí a margem de liberdade que o Tribunal concedeu às jurisdições nacionais.

A permissão que a alínea 2 do Art. 234 concede às jurisdições nacionais de o provocarem através do reenvio prejudicial, quando não estejam a decidir em última instância, também sofreu limitações.[168]

---

[164] Denys Simon. *Op. cit.*, p. 501.

[165] *Op. cit.*, p. 417-418.

[166] *Op. cit.*, p. 255.

[167] TJCE. *Recueil*. Aff. 28/62 a 30/62. 27 de março de 1963. Da Costa *en Shaake* e *Administration Fiscale neerlandaise*. 1963. p. 59. ponto 13.

[168] Esta limitação foi longamente analisada por Dámaso Ruiz-Jarabo Colomer. *Op. cit.*, p. 114-125.

Cooperação Jurisdicional

O Tribunal entendeu que se, de um lado, fica a critério do juiz nacional provocá-lo quando esteja a decidir sobre a validade de uma norma ou ato comunitário, por outro lado, isto não é verdadeiro quando pretender decretar a invalidade dos mesmos, ocasião em que o juiz nacional estará obrigado a fazê-lo, de acordo com o que ficou estabelecido no processo *Foto-Frost* e *Hauptzollamt Lübeck-Ost* datado de 22 de outubro de 1987.[169]

Para Ami Barav, o Tribunal de Justiça reserva-se a este direito na medida em que é de sua exclusiva competência o controle da legalidade através da ação de anulação e, como esta também é uma das finalidades do reenvio prejudicial, para manter a coerência e uniformidade do sistema, exige que o poder de constatar a invalidade de um ato comunitário seja reservado a ele próprio.[170]

Contudo, em outra obra de sua autoria, o autor teceu críticas à posição adotada pelo Tribunal no processo *Foto-Frost*, sublinhando que a mesma realizou uma leitura "perversa" do artigo 177 do Tratado e, por isso, subtraiu do juiz interno um poder que o referido preceito lhe outorga. Segundo Barav, esta obrigatoriedade pouco combina com a concepção da plenitude da competência do juiz interno e o mantém em um estado de incapacidade parcial, porém, permanente.[171]

Restou de outra maneira entendido pelo Tribunal quando o juiz nacional estivesse decidindo no seio de uma *medida de urgência*[172] ou também denominada *medida provisória*.[173]

A jurisprudência do Tribunal mostra que, em determinado momento, ele entendeu que o juiz nacional desta jurisdição de urgência não estaria obrigado a suscitá-lo através do reenvio preju-

---

[169] TJCE. *Recueil*. Aff. 314/85, 1987, p. 4231.

[170] *Op. cit.*, p. 936.

[171] La plénitude de compétence du juge national en as qualité de juge communautaire. *L'europe et le droit*. Mélanges em hommage à Jean Boulouis. Paris: Dalloz, 1991, p. 3.

[172] A doutrina francesa, em geral, refere-se à jurisdição de urgência como *jurisdicion de référé*. Em outros países-membros da União Européia a denominação modifica, passando a ser, por exemplo, jurisdição cautelar, mas a essência é a mesma: tutelar de forma rápida e eficiente o direito da parte. Importante é a obra de Joël Cavallini, *Le Juge national du provisoire face au droit communautaire*. Bruxelas: Bruylant Bruxelles, 1995. 527 p.

[173] A referência a medidas provisórias significa, de uma maneira geral, que o juiz nacional ao decidir, seja para aplicar o direito interno ou comunitário, o faz com base em juízos de aparência ou verossimilhança, sem adentrar na questão de fundo ou de mérito. Ami Barav e Christian Philip definem, com ampla apreciação o que seja a jurisdição de urgência. *Op. cit.* p. 911-921.

dicial, ainda que estivesse julgando em última instância, porque as partes teriam oportunidade de discutir as questões de mérito ou de fundo noutro processo e, neste sim, poderiam invocar a sua atuação no reenvio prejudicial. O Tribunal assim entendeu especialmente quando a decisão tomada pelo juiz nacional não redundava em considerar uma medida nacional como inválida. Esta conclusão pôde muito bem ser aferida no célebre acórdão do processo *Hoffmann La Roche* e *Centrafarm*.[174] Diante disso, a doutrina entendeu que se houvesse obrigatoriedade para o juiz nacional suscitar o Tribunal no âmago da *jurisdiction des référés*, esta exigência seria incompatível com a natureza desses processos, existentes sob o signo da urgência.[175]

Joël Cavallini,[176] entretanto, argumenta que uma tal visão dos processos de urgência ou das medidas provisórias não se coaduna com a realidade jurídica do Tribunal de Justiça, porque este mudou de posição anos após ter-se pronunciado no processo *Hoffmann-La Roche*.

Segundo o autor, o Tribunal passou a decidir que na hipótese de ocorrer que um juiz nacional concedesse um *sursis* através do qual impedir-se-ia que um dado ato administrativo nacional, determinado com base num regramento comunitário, fosse praticado, este juiz estaria obrigado a provocá-lo, a fim de buscar resposta sobre a validade da regra comunitária em discussão na demanda.[177]

Este comportamento do Tribunal, austero relativamente aos juízes nacionais, como sublinhou Cavallini, pôde ser confirmado no acórdão extraído do processo conhecido como *Zuckerfabrik*.[178] Pode-se afirmar, com base nisso, que o tratamento dispensado à jurisdição de urgência foi o mesmo que às denominadas jurisdições de fundo[179]

---

[174] Quem o cita é Joël Cavallini. *Op. cit.*, p. 417.

[175] Ami Barav. *Op. cit.*, p. 937.

[176] *Op. cit.*, p. 418.

[177] Esta figura jurídica seria equivalente à medida liminar do direito processual brasileiro, que tem por finalidade, de maneira urgente, antecipar total ou parcialmente o direito da parte, antes da decisão de mérito, assim como pode ter apenas caráter assecuratório. Faz parte do contexto do direito processual civil e é a figura fundamental da jurisdição de urgência.

[178] TJCE. *Recueil*. Aff. C-143/88. 21 de fevereiro de 1991. *Zuckerfabrik Suderdithmarschen* e *Zuckerfabrik Soest*. 1991, p. I-540-541.

[179] Jurisdição de fundo ou de mérito corresponde àquela onde o magistrado decide, com base em prova e argumentos exaurientes, a relação jurídica material controvertida, acolhendo ou rejeitanto o pedido do autor da demanda. O tema é tratado com profundidade por Luiz Guilherme Marinoni. *A antecipação de tutela na reforma do Processo Civil*. São Paulo: Malheiros, 1995. 124 p.

Cooperação Jurisdicional

e evidencia o fato de que a Corte reserva exclusivamente a si a competência para dar a última palavra sobre invalidade de ato ou regras comunitárias.

2.2.4. Divisão de competências entre as jurisdições nacionais e o Tribunal de Justiça

O regime do diálogo judiciário caracterizado pelo respeito mútuo das prerrogativas recíprocas de cada protagonista decorreu, em grande parte, da repartição de competências entre o Tribunal de Justiça e as jurisdições nacionais.[180]

Porém, o Tribunal, ao longo de sua construção jurisprudencial, entendeu que pertine aos juízes nacionais a decisão sobre a oportunidade ou não de proceder ao reenvio. Ele, por regra, não se pronuncia sobre a necessidade do reenvio prejudicial, até porque não conhece os fatos e tampouco os argumentos das partes da demanda instaurada perante o juiz nacional, tocando a este a responsabilidade da decisão. No conhecido caso *Fratelli*,[181] o Tribunal esboçou este entendimento, lapidando-o no processo *Simmenthal*,[182] quando entendeu que a possibilidade de o juiz nacional proceder o reenvio não estava subordinada ao caráter contraditório da demanda

Em casos recentes, manteve viva a jurisprudência que entende não lhe ser permitido censurar os motivos que conduziram a jurisdição nacional a provocá-lo.[183]

Em regra, o Tribunal considera-se obrigado a responder à jurisdição nacional quando provocado com base no Art. 234 do Tratado. Não cabe, segundo seu entendimento, censurar a decisão tomada pelo juiz interno de proceder ao reenvio, nem os motivos que o levaram a assim agir, pois a pertinência de uma tal questão escapa à sua competência. No entanto, não é possível olvidar que no caso *Salônia* o Tribunal rejeitou o reenvio porque a questão prejudicial não tinha nenhuma relação com o objeto do litígio do processo pendente perante o juiz nacional.[184]

---

[180] *Renvoi*, Ami Barav. *Op. cit.*, p. 1.

[181] TJCE. *Recueil.* Aff. 5/72. 15 de junho de 1972 Fratelli Grassi fu Davide e Administration des Finances de la Republique talienne. 1972, p. 443.

[182] TJCE. *Recueil.* 28 de junho de 1978. Aff. 70/77. Simmenthal AS e Administration des Finances. 1978, ponto 11.

[183] Joël Rideau. *Op. cit.*, p. 857 refere sobre o caso SEIM-Subdiretor-Geral de Alfândegas, Aff. 446/93.

[184] TJCE. *Recueil.* Aff. 126/80. 16 de junho de 1981. Maria Salônia e Giorgio Pordomani e Giglio. 1980, não paginado.

No acórdão proferido no processo *Tedeschi*, o Tribunal decidiu que o texto do Art. 234 sequer lhe dava o poder de constatar se a decisão que lhe fora demandada teria aplicabilidade atual ao caso concreto em trâmite perante a jurisdição nacional.[185] Também reconheceu que a sua tarefa de pronunciar-se sobre a regra comunitária só poderia levar em conta o quadro factual que lhe foi exposto pelo juiz nacional e que caberia a este estabelecer os fatos que ensejam a sua provocação, como foi decidido no processo *Pabst*.[186]

O princípio da primazia do direito comunitário, no entanto, e a peculiaridade da cooperação jurisdicional, que se estabelece entre a jurisdição comunitária e as nacionais, fizeram com que em se tratando de matéria de Direito, o Tribunal não ficasse jungido à matéria jurídica que lhe foi posta pelo juiz nacional, até porque a finalidade é que, no plano prático, suas decisões sejam úteis aos destinatários.[187]

Ademais, é regra quase que universal nos sistemas processuais, que o juiz não fique adstrito à matéria de direito que as partes lhe submeteram, podendo dar a definição jurídica correta aos fatos. Diferente não é quando se fala em direito processual comunitário, praticado pela Corte.[188]

Contudo, em outro caso conhecido na doutrina européia, a Corte negou-se a responder ao reenvio posto pelo *Vice Pretore de Frascati*, ao argumento de que o quadro factual e jurídico era fragmentário e não permitia a ela extrair uma conclusão suficiente sobre os fatos do litígio pendente junto à jurisdição nacional, restando daí difícil interpretar as regras comunitárias.[189]

A peculiaridade das relações entre o Tribunal de Justiça e as jurisdições nacionais levou o primeiro a afirmar que o Direito Comunitário não tem incidência sobre as vias processuais de recur-

---

[185] Ami Barav. *Op. cit.*, p. 939.

[186] Referiu: "Não pertence, entretanto, a Corte, mas à jurisdição nacional, estabelecer os fatos que dão lugar ao litígio e de onde são extraídas as conseqüências pelas quais a mesma é provocada para decidir". 29 de abril de 1982. Aff. 17/81. Pabst & Richardz KG e Hauptzollamt Oldenbourg. 1982, p. 1346, ponto 12.

[187] Ami Barav. *Op. cit.*, p. 939.

[188] Este poder importante que é deferido ao magistrado tem origem no aforisma latino *iura novit curia*, ou seja, grosso modo: dá-me os fatos que te darei o direito. Sobre o tema, importantes são as lições de Fritz Bauer. "Da importância da dicção *iura novit curia*". *Revista de processo*, n. 3, 1976, pp.169-177.

[189] O caso tinha como parte a empresa Telemarsicabruzzo EA, julgado pela Corte em 26 de janeiro de 1993 no Aff. –321/90 cuja referência pode ser encontrada na obra de Jean Boulouis e Marco Darmon. *Contentieux Communautaire*. Paris: Dalloz, 1997, p. 30.

Cooperação Jurisdicional

so do direito interno, diferentes em cada Estado-Membro. No caso *Rheinmühlen*, ele decidiu que o mecanismo do reenvio prejudicial não impedia que a decisão do juiz interno de provocá-lo fosse atacada por recurso.[190] Apenas entendeu que se o reenvio prejudicial já tivesse sido processado perante ele, somente sofreria solução de continuidade na hipótese de ter sido interposto recurso nas vias jurisdicionais nacionais ao qual fosse agregado efeito suspensivo, e desse fato tivesse tomado conhecimento através de notificação de autoria do juiz nacional ou do Tribunal nacional. Respeitando a jurisdição nacional, o Tribunal entendeu que se a ordem de reenvio fosse cassada, reformada ou anulada, faltar-lhe-ia competência para julgar.

Enfim, resta compreendido que cabe aos juízes nacionais tomar a decisão acerca da necessidade ou não de remeter o reenvio prejudicial ao Tribunal de Justiça, podendo o fazer de ofício, como este decidiu no caso *Salônia* acima referido ou a pedido das partes e do Ministério Público.[191] O certo é que nem convenções particulares das partes nem o uso de subterfúgios destas, dos Estados e das Instituições comunitárias, podem compelir o juiz nacional a suscitar o Tribunal, a não ser que ele assim o queira. As regras procedimentais do reenvio prejudicial perante o Tribunal, como já explanado, apenas indicam que as partes podem apenas apresentar observações escritas.

A adoção desta forma de atuar levou o Tribunal a afirmar que não lhe importam fatos descritos pelas partes depois de instaurado o mecanismo do reenvio prejudicial e que destoem do que foi descrito pelo juízo autor deste. Recentemente, no processo conhecido como *Phyteron*, o Tribunal de Justiça defendeu tal posição ao argumento de que a aceitação de novos fatos para embasar sua decisão no reenvio prejudicial atentaria contra os princípios do contraditório e da segurança jurídica.[192]

2.2.4.1. *O juiz nacional está obrigado a motivar a ordem de reenvio?*

Denys Simon faz referência a que o Tribunal de Justiça, passo a passo, construiu a doutrina da irrecebilidade do reenvio prejudi-

---

[190] TJCE. *Recueil.* Aff. 166/73. 16 de janeiro de 1974.Rheinmulehn-Düsseldorf e Einfurhr-und Vosrratsstelle fur Getreide und Futtermittel. 1974, p. 33.

[191] *Op. cit.*, Ponto 7.

[192] TJCE. Aff. 352/95. 20 de março de 1997. Phyteron Internacional S/A. *Europe.* Edições Juris-Classeur. Maio/1997. p. 14.

cial.[193] Ou seja, a sua jurisprudência que, durante certo período, indicava aos juízes do reenvio quais os elementos do caso concreto deveriam ser elencados, a fim de oportunizar que ele proferisse uma resposta útil à demanda principal, passou a exigir dos juízes nacionais a obrigação de motivarem as ordens de reenvio, sob pena de não recebê-lo, de não se julgar competente para julgar ou de que não haveria possibilidade de decidir.

Esta posição teve como caso expoente o acórdão *Foglia* e *Novello II*, através do qual o Tribunal declarou que era indispensável que as jurisdições nacionais explicassem as razões pelas quais consideravam que uma resposta às suas questões era útil ao deslinde da demanda.[194] A falta de tais informações levou-o, progressivamente, a rejeitar inúmeras ordens de reenvio, como se nota no conhecido caso *Holdijk*.[195]

De modo que, a partir do que foi exposto, pode-se concluir que, nos primeiros tempos, a insuficiência de elementos definitórios não implicava em não recebimento do reenvio prejudicial pelo Tribunal. Mais tarde, a sanção para uma tal omissão deu lugar à sua recusa de julgar de forma manifesta. Para constatá-la basta aferir o teor do processo *Telemarsicabruzzo* no qual o Tribunal preconizou que o juiz nacional deveria definir o quadro fático e jurídico onde se inseriam as questões que lhe foram postas de modo a justificar a resposta que lhe foi requerida, sob pena de não ter lugar a decisão sobre a matéria comunitária.[196]

Outros casos expressam de forma clara que o Tribunal de Justiça não abandonou esta posição. Antes, ao contrário, continuou a obstaculizar as ordens de reenvio na medida em que não estives-

---

[193] *Op. cit.*, p. 494.

[194] TJCE. *Recueil*. Aff. 244/80. 16 de dezembro de 1981. Pasqualle Foglia e Mariella Novello. 1981, p. 3045.

[195] Neste julgamento, a Corte entendeu que a decisão de reenvio deve conter: a) os fatos importantes que deram origem ao processo principal; b) a descrição do direito nacional, na medida do que for necessário; c) a reprodução de alguns dos argumentos jurídicos apresentados pelas partes do processo; d) a motivação da razão pela qual a questão posta para a Corte decidir é importante para a solução do litígio; e) a explicação das razões que justificam as dúvidas da jurisdição nacional quanto à interpretação ou apreciação de validade do direito comunitário. TJCE. *Recueil*. Aff. 1141 à 143/81. 1º de abril de 1982. Gerrit Holdijk e Outros, 1982, p. 1307-1308.

[196] TJCE. *Recueil*. Aff. C-320-321-322/90. 26 de janeiro de 1993.Telemarsicabruzzo SpA e Circostel. 1993, p. I.-393.

Cooperação Jurisdicional

sem claros os motivos que conduziram o juiz nacional a interrogá-la.[197]

2.2.4.2. Outras hipóteses de não recebimento do reenvio prejudicial

A análise da doutrina européia e da jurisprudência do Tribunal de Justiça leva a detectar hipóteses outras em que ele reservou-se o direito de não julgar os reenvios prejudiciais que lhe foram remetidos.[198]

O desaviso dos juízes nacionais em remeter reenvios ao Tribunal de Justiça, totalmente desvinculados do mérito da demanda que lhe foi posta a julgamento, levou o Tribunal a decidir que não tem competência para julgar quando o litígio é hipotético, como ficou destacado no processo *Meilincke*.[199]

A finalidade do reenvio prejudicial de possibilitar a cooperação entre as jurisdições nacionais e a comunitária, a bem de permitir o respeito à uniformidade e inteireza do direito comunitário, não tem o elastério que determinadas jurisdições nacionais pretendem lhe dar. Ora, se é importante o trabalho realizado pelo Tribunal nesta esfera, nele não se inclui a tarefa de responder a questionários sobre questões teóricas e hipotéticas, já que não teria nenhum significado útil para o litígio.

A avaliação desta posição do Tribunal, é bom frisar, tomada em casos excepcionais, ante sua missão de garantir o respeito ao Direito Comunitário, permite identificar a sua recusa em decidir também quando a questão que lhe foi posta pelo juiz nacional não

---

[197] No caso Monin, um "juiz-comissário" do Tribunal Comercial de Romans, atuando no processo liquidatório da empresa Monin, que atuava no ramo de venda de automóveis, suscitou a resposta da Corte num reenvio prejudicial. Esta, no Aff. C- 386/92, deixou de interpretar o Direito Comunitário, porque a aferição de que a sua resposta seria útil apenas poderia ocorrer se confrontada com os elementos de fato e de direito sobre os quais a ordem de reenvio foi fundada. Na falta deles, a Corte furtou-se a responder, entendendo como irrecebíveis as questões prejudiciais. *In*:TJCE. *Recueil*. p. I-2053-2054.

[198] Ami Barav. *Contentieux communautaire*.

[199] Neste caso, o juiz do reenvio não apresentou os elementos de fato e de direito sobre os quais eventualmente poderia incidir uma dada teoria sobre quotas, já que a aplicação dela foi aventada apenas hipoteticamente, sem que tenha ele demonstrado qualquer relação concreta dela com o litígio.TJCE. *Recueil*. 16 de julho de 1992. Aff. C-83/91. Wienand Meilicke e ADV/ORGA AG. 1992, p. I-4934-4935.

possui nenhuma relação com a realidade e o contexto do objeto litigioso.[200]

2.2.5. Partes do processo principal: protagonistas ou coadjuvantes da cena do reenvio prejudicial?

Ainda que sucintamente, anteriormente foi referido que as partes do processo pouca expressão assumem no contexto do reenvio prejudicial, já que a cooperação jurisdicional entre as duas jurisdicões – nacional e comunitária – é resultado da exclusiva decisão do juiz nacional que age por provocação ou de ofício. A partir desta realidade, é incontestável a relevância do papel assumido pelos juízes nacionais, já que detém o monopólio da decisão de reenviar ou não sobre questão de validade ou interpretação do Direito Comunitário.

Ressalta neste ponto a independência do juiz nacional para exercitar o poder de apreciação que lhe é reconhecido pelo Art. 234 do Tratado. A propósito, e conforme abaixo será evidenciado, as estatísticas judiciárias do Tribunal mostram que no âmbito dos procedimentos comunitários, o número de reenvios prejudiciais supera o de todos os outros procedimentos, se individualmente considerados.

O estudo de alguns casos julgados oportunizou a compreensão de que nem mesmo argumentos apresentados por escrito ou oralmente pelas partes do processo são aceitos, se o juiz do reenvio não os tiver apresentado.[201]

2.2.6. A liberdade do Tribunal de Justiça para apreciar as questões apresentadas pela jurisdição nacional

O reenvio prejudicial, como já enunciado, não possui caráter contencioso. Repousa nisso, grandemente, a liberdade com que o Tribunal de Justiça tem nos últimos anos apreciado as questões que lhe são submetidas pelas instâncias nacionais.

---

[200] Este foi o entendimento esposado pela Corte no caso Salônia, ponto 6. *Op. cit.*, p. 1563.

[201] Esse direito encontra-se assegurado no artigo 20 do Estatuto do Tribunal de Justiça. Contudo, as partes devem ater-se às manifestações escritas do juízo do reenvio, sendo de uma total inutilidade qualquer elemento novo que apresentem.

Cooperação Jurisdicional

Joël Rideau relata que as decisões jurisprudenciais mostram que o Tribunal de Justiça interpreta o Direito Comunitário ainda quando a interpretação não lhe foi submetida. Age assim porque entende que não lhe cabe decidir quando as questões são artificiais ou hipotéticas e, por isso, tem reformulado as questões postas pelos juízes nacionais.[202] Tem, também, retificado os termos das questões postas e modificado a ordem apresentada pelo juiz nacional, completando-as quando julgar necessário.

Refere o autor um notável acórdão proferido no caso *Carbonari*, onde o Tribunal com "audácia" examinou de ofício questões que não lhe foram submetidas.[203]

O peso da responsabilidade atribuída ao Tribunal na construção e consolidação do Direito Comunitário é que tem sido o grande mote para a modificação de uma jurisprudência anterior que era constante. Percebe-se, cada vez mais, a ampliação de seus poderes de atuação no seio do reenvio prejudicial, suprindo as omissões dos juízes nacionais, a tal ponto que se permite examinar meios de invalidade do Direito Comunitário diferentes dos apresentados pelo juiz nacional[204] ou transforme uma questão de interpretação em questão de validade.[205]

2.2.7. A autoridade das decisões no reenvio prejudicial

No âmbito do Direito Comunitário, a jurisdição que suscitou a manifestação do Tribunal de Justiça através do reenvio prejudicial fica sujeita ao resultado da decisão proferida. Porém, ao contrário das regras clássicas da coisa julgada interpartes[206] nos litígios individuais do direito interno, a autoridade das decisões do Tribunal de Justiça nos reenvios prejudiciais poderá atingir terceiros, além do juízo do reenvio. Este, naturalmente, estará sempre ligado à decisão proferida e não poderá ignorá-la.

Denys Simon, sobre o tema, conclui que a parte dispositiva dos acórdãos proferidas no reenvio prejudicial aponta para a sua

---

[202] *Op. cit.*, p. 866-868.

[203] TJCE. *Recueil.* Aff. C-131/97, 25 de fevereiro de 1999.

[204] TJCE. *Recueil.* Aff. 158/80. Rewel e Hauptzollamt Kiel, 7 de julho de 1981.

[205] TJCE. *Recueil.* Aff. 16/65. Schwarze e Einfuhr und Vorrastsstelle für getreide und Futtermittel. p. 1082.

[206] Ada Pellegrini Grinover trata do assunto em "Da coisa julgada no Código de Defesa do Consumidor", *Revista Jurídica,* n. 162, p. 5-15.

natureza declaratória onde o Tribunal "diz o direito".[207] Disso decorre a complexidade da análise dos efeitos das decisões prejudiciais e as controvérsias sobre a matéria, especialmente pelo equívoco de tentar-se entendê-los à luz das categorias tradicionais de coisa julgada, olvidando-se que o reenvio prejudicial é um mecanismo processual original e, por isso, clássicos conceitos não lhe podem ser aplicados, não só por ter natureza declaratória, mas também porque é um procedimento entabulado de juiz para juiz, sem partes e sem caráter contencioso.[208]

É certo que o uso do mecanismo processual do reenvio deve ter um resultado concreto e efetivo, eis que, do contrário, não teria tanto contribuído para o aprimoramento e crescimento do Direito Comunitário, razão pela qual o juiz do reenvio não pode ignorar a decisão do Tribunal e deixar de aplicá-la ao caso concreto, já que uma tal atitude omissiva ensejaria sanção, através de recurso de direito interno ou a ação por incumprimento.[209]

Assim, no tocante aos reenvios que têm por objeto a interpretação do Direito Comunitário, é certo que o juízo nacional autor do reenvio deve acatar a decisão do Tribunal e, até mesmo, deixar de aplicar a regra comunitária caso este tenha entendido que não se aplica ao caso concreto.[210] Na hipótese de nutrir dúvida quanto ao teor do acórdão, o Tribunal tem deferido ao juiz nacional o direito de provocá-lo novamente para solucioná-la.

Ainda no tocante às decisões proferidas nos reenvios prejudiciais de interpretação, o Tribunal de Justiça decidiu que se impõem perante as demais jurisdições nacionais, desde que estas estejam a julgar caso idêntico, quando então teriam efeito *erga omnes*.[211]

---

[207] A leitura do contencioso comunitário leva o intérprete a concluir que a eficácia das decisões do TJCE nos variados procedimentos que o compõem aquele não diferem das cargas eficaciais das sentenças de direito interno, podendo ser declaratórias, condenatórias, constitutivas, mandamentais e executivas *lato sensu*, as quais dependerão, em larga medida, da natureza do direito material em discussão. Não há muita diferença entre as cargas eficaciais das sentenças nos variados ordenamentos jurídicos. No tocante ao direito processual nacional, ver Pontes de Miranda, *Tratado das ações*. V. I. São Paulo: RT, 1970. A matéria também é muito bem tratada, sob o ponto de vista da ação material por Ovídio Baptista da Silva. *Op. cit.*, p. 129-159.

[208] *Op. cit.*, p. 515.

[209] Conforme previsão do artigo 226 do Tratado da Comunidade Européia.

[210] Assim ficou decidido no processo ICAP e Benedetti.TJCE. *Recueil,* 28 de março de 1979. Aff. 222/78, p. 1163. *Apud.* Joël Rideau. *Op. cit.*, p. 868.

[211] Este é um dos clássicos efeitos dos atos jurídicos processuais, pelo que é oponível contra todos, ainda que não tenham sido partes da relação processual. É

No famoso caso *Da Costa*, o Tribunal teve oportunidade de dizer que a obrigação de reenvio expressa no ex-artigo 177 do Tratado da Comunidade Econômica Européia não se impunha se as questões de interpretação já haviam sido resolvidas em caso análogo anterior, mas que não estava proibido às jurisdições nacionais de suscitá-lo através do reenvio se assim entendessem necessário, quando:

a) o juiz nacional não está suficientemente esclarecido pela decisão tomada no outro reenvio prejudicial;

b) a situação de fato ou de direito não é rigorosamente idêntica à anterior;

c) deseja provocar uma evolução na sua jurisprudência.[212]

A extensão dos efeitos de um caso julgado a outros que tratem da mesma matéria, mas com diferentes partes, é no mínimo curiosa e porque não paradoxal, frente às regras tradicionais da coisa julgada, ainda que tal extensão não tenha caráter absoluto, diante da possibilidade de a jurisdição nacional proceder ao seu reenvio.[213] Porém, se assim não o fizer, estará obrigada a atender a decisão do Tribunal e, neste caso, a coisa julgada não goza de caráter relativo.

---

bem verdade que em se tratando de direito processual, os casos são raros. Entre nós, para exemplificar, o têm as sentenças de procedência nas ações coletivas e as sentenças proferidas nas Ações diretas de Inconstitucionalidade. Sobre o tema no direito brasileiro, rica é a obra de Sérgio Gilberto Porto. *Coisa julgada cível*. Rio de Janeiro: Aide, 1996. 131 p. Também do mesmo autor: Sobre classificação das ações, sentença e coisa julgada AJURIS, Publicações eletrônicas. n. 61, p. 48-62.

[212] TJCE. *Recueil*. 27 de março de 1963. Aff. 28 a 30/62. Da Costa, 1962, p. 75. No caso conhecido como *Ventura* (Natalino Ventura e Landesversicherungssanstalt Schwaben) o Tribunal também entendeu que apesar de já ter interpretado a norma comunitária em caso igual anteriormente – o processo tratava de seguro social para imigrantes – o juízo do reenvio não estava impedido de suscitá-lo, até porque competia-lhe completar a interpretação que já tinha feito e que isso poderia ser útil à jurisdição nacional. Aff. 269/87. TJCE. *Recueil*, p. 6411.

[213] Na grande maioria dos ordenamentos jurídicos, especialmente do direito continental europeu, a coisa julgada é um instituto processual de caráter político, já que, esgotadas as possibilidades recursais, seja pelo esgotamento das vias de recurso, seja pela preclusão, o julgado não poderá ser modificado no futuro, em discussão entre as mesmas partes, que contenha o mesmo pedido e mesma causa de pedir. Classicamente, então, a coisa julgada atinge apenas as partes do processo. Aqui fala-se de coisa julgada material. Quando no próprio processo não couber mais nenhuma discussão sobre o objeto do litígio, tem-se a coisa julgada formal. Em situações específicas, porém, a demanda pode ser reproposta e a matéria discutida. Para o caso do reenvio, quando há referência à coisa julgada, esta é a material. O tema foi trabalhado com profundidade na obra *Sentença e coisa julgada*. Ovídio Baptista da Silva. 2. ed. Porto Alegre: Sergio Fabris, 1988. 271 p.

Se bem compreendida, a posição do Tribunal encontra justificativa na singular feição do reenvio prejudicial no sistema jurídico comunitário.

Correto Denys Simon quando afirma que uma autoridade assim reconhecida aos reenvios de interpretação corresponde muito mais à figura do *stare decisis* do direito inglês e ao mecanismo dos precedentes do que a uma concepção clássica de coisa julgada tal qual a conhecemos e aplicamos.[214]

É preciso salientar, entretanto, que o Tribunal tem admitido que mesmo o juízo destinatário da decisão interpretativa não está impedido de remeter novo reenvio, desde que não tenha compreendido a sua ou até quando tenham surgido no processo questões novas que possam levá-lo a julgar diferentemente, conforme ele assim permitiu no processo *Wünsche*.[215]

De outro modo, o sistema da extensão subjetiva dos efeitos da decisão proferida no reenvio prejudicial possui contornos diferentes quando o Tribunal decreta a invalidade de um ato comunitário. Neste caso, a decisão proferida pelo Tribunal em muito se assemelha com aquelas do contencioso da legalidade. Por isso, o ato eventualmente declarado inválido não será aplicado pelo juízo do reenvio e nem pelos que lhe seguem em grau recursal, no mesmo processo.

O tratamento dispensado às decisões de invalidade possuem contornos um tanto quanto diferenciados daquele de interpretação. Esta distinção reside exatamente no fato de que quando o Tribunal constata a invalidade de um ato comunitário, na verdade está a exercer papel que gera efeitos similares àquele resultante da atividade dos legisladores das normas comunitárias.[216]

Cabe indagar, no entanto, se juízes nacionais, de outros processos, defrontando-se com a aplicabilidade da norma declarada inválida, devem proceder ao seu reenvio ou utilizar-se da decisão já proferida pelo Tribunal. Razões de economia e celeridade[217] leva-

---

[214] *Op. cit.*, p. 517. Também nos Estados Unidos da América há aplicação do sistema dos precedentes, influenciando diretamente nas decisões dos tribunais americanos.

[215] Citado na nota 151.

[216] Joël Rideau. *Op. cit.*, p. 872.

[217] A celeridade do processo e sua economia têm sido alvo de estudos nos mais variados ordenamentos jurídicos e constituem-se em verdadeiros princípios processuais que, se não atendidos, em muito contribuem para a demora na solução do litígio. Sobre isso, é de grande significado a obra de Mauro Cappelletti e Bryant Garth. *Acesso à Justiça*. Porto Alegre: Sérgio Fabris, 1988. 168 p.

Cooperação Jurisdicional

ram-no a decidir que "ainda que o resultado do reenvio seja endereçado ao juiz que deu a ordem de reenvio, a declaração de invalidade constitui uma razão suficiente para todo e qualquer juiz considerar o ato como inválido nas decisões que tenha de proferir", como ficou demonstrado no caso envolvendo a empresa *Spa International Chemical Corporation*, ainda que o Tribunal, no mesmo julgamento tenha assegurado às jurisdições nacionais a faculdade de provocá-la novamente, sobre a mesma norma ou ato comunitário anteriormente declarado inválido, se existe um novo interesse que justifique a reapreciação da matéria.[218]

É de ser indagado se, formalmente, o ato declarado inválido no seio de um reenvio prejudicial, deixa de existir no mundo jurídico. O Tribunal de Justiça, sobre isso, pronunciou-se afirmando que as conseqüências não podem ser as mesmas que as decorrentes da pronúncia de invalidade ocorrida no Recurso em anulação previsto no Art. 230 do Tratado da Comunidade Européia.[219]

Assim, a decisão prejudicial não tem a força de retirar do mundo jurídico o ato inválido e sequer tem o efeito repristinatório, como pode ser constatado nas conclusões do processo *Schwarze*.[220]

2.2.7.1. Efeitos da decisão de reenvio ratione temporis

A análise da natureza jurídica das decisões do Tribunal de Justiça nos reenvios prejudiciais, seja para interpretar a norma comunitária, seja para apreciar a sua validade, leva a concluir, dentre as cinco eficácias sentenciais básicas, como anteriormente referido, que as mesmas possuem, preferencialmente, natureza declaratória.

No entanto, faz-se necessário analisar especificamente os efeitos no tempo destas decisões, primeiro, na hipótese de o reenvio prejudicial veicular questão prejudicial de invalidade e, segundo, questão de interpretação.

2.2.7.1.1. Decisões que constatam a invalidade. Os provimentos jurisdicionais desta natureza, independentemente da natureza do conflito e da norma material a ser aplicada, têm, em regra, efeito *ex tunc*, ou seja, retroagem à data em que o ato entrou em vigor.

---

[218] TJCE. *Recueil*. Aff. 66/80. 13 de maio de 1981. SpA Internacional Chemical Corporation e Amministrazione delle finanze dello Stato. 1981, p. 1191.
[219] Denys Simon. *Op. cit.*, p. 519.
[220] *Ibid.* p. 518.

Todavia, quando o Tribunal reconhece a invalidade de um ato ou norma comunitária ao proferir julgamento nos reenvios prejudiciais, decide desde logo a respeito da extensão dos efeitos desta decisão no tempo, como se estivesse decidindo no âmago de uma ação de anulação, conforme previsto no artigo 230 do Tratado da Comunidade Européia. Neste caso, nos moldes do que ocorre com esta, o Tribunal pode enunciar quais efeitos do ato ou da norma declarada inválida perdurariam, de acordo com o previsto no artigo 231, 2, do Tratado.[221]

A razão deste posicionamento encontra respaldo em razões de segurança jurídica.

A explicação do Tribunal é simples: para a ação de anulação, o prazo prescricional é de dois meses, conforme o caso, da publicação do ato, o que não acarretaria problemas significativos ou complexos.[222] Ao contrário, o reconhecimento da invalidade em sede de reenvio não conhece delimitação de prazo e, por isso, poderia ocasionar problemas mais sérios, envolvendo direitos adquiridos e atos já consolidados.[223]

Com isso, a exigência da aplicação uniforme do Direito Comunitário atribui somente ao Tribunal de Justiça a competência para delimitar no tempo os efeitos da declaração de invalidade de um ato, bem como para delimitar as exceções, especialmente para aqueles que tivessem promovido demandas em juízo com base na invalidade do mesmo ato.[224]

Esta posição do Tribunal, porém, não foi construída sem resistências. Na França, o Tribunal de Lille, em 1981, recusou-se a aceitar as limitações no tempo impostas pelo Tribunal. Na Itália, da mesma maneira, posicionou-se o Tribunal de Turin.[225]

A doutrina também apresentou críticas a esta postura, mas no caso *Pinna* ele a manteve, ressalvando o direito daqueles que tivessem ações em juízo para discutir o mesmo ato declarado inválido, sob o fundamento de que graves perturbações administra-

---

[221] O artigo 231 preconiza: Se o recurso tiver fundamento, o Tribunal de Justiça anulará o ato impugnado. (2) Todavia, no que respeita aos regulamentos, o Tribunal de Justiça indicará, quando o considerar necessário, quais os efeitos do regulamento anulado que se devem considerar subsistentes.

[222] Art. 230, 5.

[223] Moitinho de Almeida. *Op. cit.*, p. 52.

[224] *Ibid.* p. 53.

[225] *Ibid.* p. 54.

Cooperação Jurisdicional

tivas ou financeiras ocorreriam se o reconhecimento da invalidade operasse efeitos *ex tunc*.[226]

Da mesma forma no processo *Roquette Frères*[227] ficou decidido que uma decisão declarando a invalidade de um ato das instituições comunitárias teria efeito retroativo. Percebe-se, no entanto, que no mesmo julgamento o Tribunal de Justiça entendeu que deveria limitar no tempo os efeitos de uma decisão de tal natureza, para não prejudicar as situações adquiridas em virtude de um texto normativo declarado inválido.

De outro modo, é importante referir que o Tribunal de Justiça também entendeu que uma declaração de invalidade de ato de uma instituição comunitária, com base no Art. 234 do Tratado, apesar de ser dirigida ao juízo do reenvio, representa razão mais do que suficiente para que juízes de processos outros considerem o ato como não válido, numa verdadeira eficácia *ultra partes* das decisões prejudiciais em apreciação de validade, como foi reconhecido no processo *International Chemical Corporation*, cuja terminologia adotada pelo Tribunal foi *erga omnes*, conforme interpretação oferecida por Dámaso Ruiz-Jarabo Colomer.[228]

Philippe Manin, no entanto, comenta que as decisões do Tribunal no sentido acima exposto não tiveram boa acolhida ante as jurisdições francesas, pois em geral envolvem matéria vinculada à agricultura, fixação de medidas compensatórias, etc. Por esta razão, num primeiro momento, as referidas jurisdições entenderam que o Tribunal não poderia limitar no tempo os efeitos de suas declarações de invalidade, postura que mais tarde acabaram por reconhecer.[229]

2.2.7.1.2. Decisões interpretativas. Apesar de não haver previsão no Tratado da Comunidade Européia a respeito das limitações no

---

[226] TJCE. *Recueil*. Aff. 41/84. Pietro Pinna e Caisse d'allocationsfamiliales de la Savoie. 15 de janeiro de 1986.

[227] TJCE. *Recueil*. Aff. C-228/92. Roquette frères AS e Hauptzollamt Geldern. 26 de abril de 1994, p. I-1445.

[228] *Op. cit.*, p. 109. A remissão aos efeitos *ultra partes* e *erga omnes* faz mister, ainda que de forma sucinta, explicá-los, até para demonstrar que foram confundidos: em matéria processual, classicamente, os efeitos subjetivos da coisa julgada ocorrem *inter partes*. Apenas nas ações coletivas em sentido estrito é que possuem efeitos *ultra partes* e nas ações coletivas para defesa dos direitos difusos, efeitos *erga omnes*. Porém, a peculiaridade das ações diretas de constitucionalidade e inconstitucionalidade levou a que fosse reconhecida eficácia *erga omnes* para as decisões definitivas nelas proferidas, conforme Sérgio Gilberto Porto. *Op. cit.*, p. 60-72.

[229] *Op. cit.*, p. 433.

tempo das decisões interpretativas do Tribunal, ele assim tem procedido ao longo do tempo.

Preocupado com fatores de segurança jurídica, entendeu por limitar o efeito *ex tunc* das decisões declarativas de interpretação. O primeiro caso foi o conhecido por *Defrenne II*,[230] no qual decidiu que o resultado de seu acórdão não poderia ser invocado para os períodos anteriores àquele em que foi prolatado, atribuindo a sua decisão o efeito meramente *ex nunc*,[231] a fim de evitar prejuízo a determinado segmento da economia que havia deixado de pagar certos direitos trabalhistas aos trabalhadores porque foram induzidos em erro por ato das instituições comunitárias. Nesse caso, o Tribunal ressalvou os direitos das pessoas que haviam intentado ações ou pedidos equivalentes, antes da data de sua decisão.

Em outros casos, o Tribunal decidiu da mesma maneira, inspirando-se em princípios semelhantes aos que orientam a justiça norte-americana em matéria de *prospective overruling*.[232]

De qualquer modo, manteve-se a competência do Tribunal para a definição do limite no tempo de sua decisão em matéria de interpretação, posição que continuou a ser alvo de críticas pela doutrina, que teve a oportunidade de afirmar que o Tribunal de Justiça exercia verdadeira criação do Direito, poder este que não lhe foi conferido pelo Tratado.[233]

---

[230] TJCE. *Recueil*. 8 de abril de 1976. Aff. 43/75.Gabrielle Defrenne e Societé Anonyme Belge de Navigation Aérienne Sabena. 1976, p. 45. O caso tratava do efeito direto do artigo 119 do Tratado da CEE, o qual garantia igualdade de remuneração para homens e mulheres que exercem um mesmo trabalho. Daí pode-se concluir que a decisão do Tribunal de Justiça talvez tenha se embasado muito mais em razões de oportunidade do que propriamente na invocada segurança jurídica, tal seria a repercussão de sua decisão, se estendida a casos pretéritos a ela, pois, conforme afirmou, sua decisão poderia trazer graves conseqüências às relações jurídicas entabuladas de "boa-fé". Mas em verdade, tal postura restou por prejudicar os trabalhadores que não tiveram direito a receber suas diferenças salariais. Ver: Dámaso Jarabo-Ruiz Colomer. *Op. cit.*, e Moitinho de Almeida. *Op. cit.*, p. 60.

[231] Este efeito, de forma sucinta, pode ser entendido como aquele que faz com que o ato jurídico gere efeitos, a partir de sua prática, para o futuro, nunca para atingir casos passados.

[232] Esta jurisprudência afasta os efeitos retroativos de uma decisão judicial que "constitua uma clara ruptura com o passado" (*clear break with the past*) e que os cidadãos justificadamente tivessem confiado na interpretação anteriormente partilhada e que a aplicação retroativa fosse de natureza a ensejar um efeito perturbador (*disruptive effect*) da boa administração da justiça. T. Koopmans. *Retrospectivity reconsidered*. Cambridge Law Journal, 1980. p. 287. *Apud* Moitinho de Almeida. *Op. cit.*, p. 57. Os casos julgados foram os conhecidos como Blaizot e Barber.

[233] Jean Boulois e C. Philippe, citados por Moitinho de Almeida. *Op. cit.*, p. 59.

Cooperação Jurisdicional

Seja como for, em primeiro lugar, se fosse concedido às jurisdições nacionais o poder de limitar no tempo os efeitos das decisões em interpretação proferidas pelo Tribunal, mais uma vez colocar-se-ia em risco a unidade da ordem jurídica comunitária, jungida às idiossincrasias dos poderes de cada jurisdição nacional e, também, da sensibilidade de cada juiz. Em segundo lugar, o argumento de que o Tratado não deu poderes ao Tribunal para criar o Direito confronta com a própria natureza e finalidade das construções jurisprudenciais, ante a incapacidade do legislador de construir a tempo a estrutura jurídica necessária para satisfazer as necessidades da sociedade e dos povos.[234]

A doutrina de Ami Barav e Chistian Philip,[235] com clareza, enuncia a posição do Tribunal de Justiça de que só a este é que cabe limitar no tempo os efeitos de suas decisões interpretativas. E ressalta que uma tal posição encontra justificativa fundamentalmente na necessidade de uma aplicação uniforme e geral do Direito Comunitário.

2.2.8. Possuem os juízes nacionais poder para declarar a invalidade dos atos e regras comunitárias?

São estreitas as vias de acesso às pessoas físicas e jurídicas para obter o reconhecimento direto de invalidade de um ato ou regra comunitária, conforme dicção extraída do teor do artigo 230[236] do

---

[234] Karl Larenz, em primorosa obra, manifesta-se sobre o poder criador da jurisprudência: "À sentença judicial, especialmente a prática jurisprudencial constante cabe então o papel de funcionar como um "transformador" dos "princípios pré-positivos" em 'proposições e instituições jurídicas positivas' ". *Metodologia da Ciência do Direito*. 3. ed. Lisboa: Fundação Calouste Gulbenkian, 1997, p. 192.Tradução de José Lamego.

[235] *Op. cit.*, p. 944.

[236] Com a nova versão dada ao Tratado da CE pelo Tratado de Amsterdam, o ex-Art. 173 tomou o n. 230 e refere nos parágrafos 2º, 4º e 5º, o que segue: "§ 2º - Para o efeito, o Tribunal de Justiça é competente para conhecer dos recursos com fundamento em incompetência, violação de formalidades essenciais, violação do presente Tratado ou de qualquer norma jurídica relativa à sua aplicação, ou em desvio de poder, interpostos por um Estado-membro, pelo Conselho ou pela Comissão. § 3º - Qualquer pessoa singular ou coletiva pode interpor, nas mesmas condições, recurso das decisões de que seja destinatária e das decisões que, embora tomadas sob a forma de regulamento ou de decisão dirigida à outra pessoa, lhe digam direta e individualmente respeito. § 5º - Os recursos previstos no presente artigo devem ser interpostos no prazo de dois meses a contar, conforme o caso, da publicação do ato, ou na falta desta, do dia em que o recorrente tenha tomado conhecimento do ato".

Tratado. Deste modo, através da declaração incidental de invalidade de ato comunitário, realizada pela via do reenvio prejudicial, foi possível dar maior proteção às pessoas, uma vez que o prazo prescricional estreito de apenas dois meses para a propositura da ação anulatória significa verdadeiro entrave ao acesso à justiça comunitária, conforme já foi referido.

Esta foi uma das tantas razões pelas quais o Tribunal de Justiça reservou a si a competência exclusiva para declarar a invalidade dos atos das instituições.

É bem verdade que as jurisdições nacionais, ao tempo em que havia ainda uma tênue posição do Tribunal, que não representava a melhor interpretação do texto do ex-Art. 177, declaravam a invalidade das normas comunitárias.[237] Razões intimamente ligadas à uniformidade do Direito Comunitário e até a sua primazia compeliram o Tribunal a tomar uma decisão contundente expressada no acórdão *Foto-Frost*,[238] onde referiu basicamente que em se atribuindo aos órgãos jurisdicionais nacionais, cujas decisões fossem suscetíveis de recurso judicial de direito interno, a faculdade de suscitar ao Tribunal de Justiça questões prejudiciais para interpretar ou apreciar a validade, o artigo 177 não solucionou a questão ligada à existência de faculdade ou não destes órgãos jurisdicionais para que eles próprios declarassem a invalidade dos atos das instituições.

Ora, a conclusão extraída deste pensamento não poderia ser outra: os juízes nacionais teriam competência para reconhecer a validade dos atos comunitários, mas não o contrário.[239]

A doutrina européia também defendeu a competência exclusiva do Tribunal de Justiça para declarar a invalidade das normas comunitárias, fundando-se, por primeiro, na deficiência de clareza da redação do ex-Art. 177 do Tratado, razão por que não poderia ser interpretado às avessas, permitindo-se aos juízes nacionais declararem a invalidade. Em segundo lugar, porque a permissão aos juízes nacionais de declarar a referida invalidade afrontaria a *mens legis* do ex-Art. 173, atual Art. 230 do Tratado da CE, dado que tal dispositivo delimitou a competência exclusiva do Tribunal em matéria de controle da legalidade através do recurso em anulação. Terceiro, porque representaria verdadeiro paradoxo os juízes nacionais infe-

---

[237] A doutrina elenca vários processos em que a jurisdição nacional chamou a si o direito de invalidar normas comunitárias. Curioso é que nesta cena, os principais atores foram os juízes alemães. Ver Dámaso-Ruiz Jarabo Colomer. *Op. cit.*, p. 111.

[238] TJCE. *Recueil*. Aff. 314/85. 22 de outubro de 1987.

[239] Philippe Manin. *Op. cit.*, p. 430.

riores poderem declarar a invalidade da norma comunitária e os superiores não. Por fim, já que cabe tão-somente ao Tribunal de Justiça, segundo uma jurisprudência constante, estabelecer os efeitos *ratione temporis* das decisões de invalidade, como poderiam o fazer os juízes nacionais?[240]

A visão do Tribunal, de que não cabe aos juízes nacionais declarar a invalidade do atos comunitários, foi fundada no seguinte:

a) haveria comprometimento da uniformidade do ordenamento comunitário, se fosse deixado ao alvedrio de cada juiz nacional decidir em matéria de invalidade;[241]

b) haveria quebra do sistema frente à regra clara do ex-Art 173 do Tratado, anteriormente citado;

c) os juízes comunitários estariam muito melhor preparados para apreciar a invalidade.[242]

Estas conclusões produziram uma conseqüência contundente, acima examinada, qual seja a obrigatoriedade de os juízes nacionais ordenarem o reenvio, independentemente de sua hierarquia e também da decisão proferida ser ou não passível de recurso judicial interno, sempre que tivessem de declarar a invalidade da norma ou ato comunitários.

Esta construção jurisprudencial, no entanto, não esteve imune a críticas. Ami Barav entende que a leitura feita pelo Tribunal de Justiça ao ex-Art. 177 por ocasião do acórdão *Foto-Frost*, retirou do juiz nacional um poder que este dispositivo legal lhe outorgou, bem como lhe impôs o dever de reenvio, em confronto com a liberdade que este tem de apreciar da necessidade e conveniência de provocá-lo.[243]

---

[240] J. Boulouis e R. M. Chevallier, *Grands ar rêts de la Cour de Justice des Communautés Européenes*. Paris: Dalloz, 1988. Tomo I, p. 412.

[241] No processo envolvendo a empresa *International Chemical Corporation*, antes referido, a Corte de Justiça teve oportunidade de manifestar-se mais no sentido de que a competência que lhe foi deferida pelo ex-Art. 177 reside na busca de aplicação uniforme do direito comunitário, exigência imprescindível para a busca da segurança nas relações jurídicas.

[242] Denys Simon. *Op. cit.*, p. 519-521.

[243] *La plenitude de competénce du juge national em sa qualité de juge communautaire. Op. cit.*, p. 3.

3. A cooperação jurisdicional como garante da integração

A experiência integracionista entre países, como se sabe, enfrenta toda a sorte de dificuldades, pela natural existência de diferenças entre eles, seja por fatores históricos, sociais ou econômicos. Apesar disso, o que os leva a integrarem-se é justamente o fato de consagrarem valores e nutrirem interesses comuns. As relações voltadas à integração podem ser esquematicamente representadas nas seguintes etapas, conforme expôs Maristela Basso:[244]

a) Zona de Livre Comércio;
b) Zona Aduaneira;
c) Zona de Mercado Comum;
d) Zona de União Política e Econômica.

Lúcida é a ponderação de Deisy Ventura quando afirma que no processo integracionista encontrar-se-ão nos extremos da extensão e consistência das aspirações comuns, objetivos desiguais e empreendimentos de grande porte ou acanhados, de onde derivaria uma maior ou menor necessidade de institucionalizar esses valores em comum.[245] Daí adviria a necessidade de institucionalização, essencial para o vir-a-ser de uma ordem jurídica comunitária. Aqui, ainda, sequer estaria em foco o surgimento de um organismo supranacional, apesar de proximidade entre este e a ordem jurídica comunitária.[246]

Assim evoluiu o processo integracionista europeu desde os Tratados de Paris e Roma, até culminar no Tratado de Amsterdam, que traçou as linhas da forma mais avançada de união entre Estados

---

[244] Perspectivas do Mercosul através de uma visão econômico-jurídica. *Revista do CEJ- Centro de Estudos Judiciários,* n. 2, p. 42, 1996.
[245] *A ordem jurídica do Mercosul.* Porto Alegre: Livraria do Advogado, 1996, p. 31.
[246] *Ibid.* p. 33.

e seus povos, decididos a romper as fronteiras entre eles, cuja pauta é a liberdade. No dizer de Sidnei Agostinho Benetti, a União Européia organiza-se à moda de um quase-Estado, na feição moderna, com divisão de poderes e mecanismos de interligação desses poderes com a população e os governos dela participantes.[247]

De qualquer sorte, ainda que o processo integracionista esteja em sua fase inicial ou mais evoluída, dele resulta um direito material original, que perpassa as fronteiras dos Estados, seja porque estes mantêm em suas legislações formas eficazes de recepção das normas comuns que regerão determinadas relações entre eles, seja porque as mesmas já ingressam diretamente em suas ordens internas, impondo-se a eles próprios e aos seus cidadãos.

Esse Direito garante-se e protege-se por intermédio de um sistema jurisdicional aperfeiçoado e sofisticado, que lhe dá efetividade. Fundamental, assim, é o papel dos juízes para interpretá-lo e aplicá-lo, especialmente pela significativa importância da jurisprudência, através da qual o julgador exerce seu papel criador,[248] o que faz tênue no tempo a figura do juiz como "a boca que pronuncia as palavras da lei" ou como o "ser inanimado que não pode moderar sua força nem seu rigor".[249] É perceptível, que a partir do surgimento do Estado Moderno, paulatinamente, os juízes deixaram de estar a serviço do soberano que representava os interesses do povo, assim como deixaram de ser o próprio povo, para dar lugar a profissionais de carreira, chamados, cada vez mais, a dar uma contribuição decisiva na vida pública.[250]

Por isso, a complexidade da sociedade humana e a evolução do Direito ao longo do tempo, levaram os indivíduos a, cada vez mais, recorrer a organismos judiciais para resolver seus litígios, preservar sua liberdade e assegurar a coerência na aplicação das leis e dos princípios jurídicos. A missão confiada aos juízes adquiriu imensa significação, indesmentível pelo crescente número de demandas.

Portanto, em um processo de integração, as jurisdições nacionais e a jurisdição comunitária opõem-se ou cooperam? Quais as conseqüências da ausência de cooperação?

---

[247] "Sistema de Soluções de Controvérsias no Anexo III do Tratado de Assunção e Protocolo de Brasília. *Revista de processo,* n. 99, jul./set. 2000, p. 118-134.

[248] Karl Larenz cita Josef Esser e Wolfang Fikentscher, defensores, segundo ele, da atividade criadora da jurisprudência na permanente conformação e desenvolvimento do Direito. *Op. cit.,* p. 190.

[249] Montesquieu, *O espírito das leis.* São Paulo: Martins Fontes, 2000. p. 175.

[250] O tema foi trabalhado com brilhantismo por Dalmo de Abreu Dallari, *O poder dos juízes.* São Paulo: Saraiva, 1996. 163 p.

Esta situação adquiriu relevo especial na Comunidade Européia. Sendo essencial a sua configuração como uma Comunidade de direito e tendo-se em conta a sua "novidade" institucional nos seus primeiros tempos, observa-se que o papel da jurisprudência, pela atuação do Tribunal de Justiça, assumiu importância capital, dentre vários objetivos a serem atingidos, aqui basicamente delineados como:

a) assegurar o controle jurídico;

b) desenvolver as potencialidades do sistema normativo comunitário;

c) suprir as lacunas dos tratados constitutivos, com recurso a variados métodos de interpretação.

De modo que, a missão confiada ao Tribunal de Justiça de guardião do Direito Comunitário, expõe a sua face criadora e eclética que se embasa fundamentalmente na aplicação dos princípios gerais do direito e cria continuamente autênticas normas jurídicas, cuja meta é atingir um sistema completo, decisiva para a configuração de um sistema jurídico autônomo e que se imponha ante os Estados-Membros. Correta, porém, a afirmação de Robert Lecourt, de que pedra angular da comunidade não é só uma mesma norma comum, mas sim uma norma interpretada e aplicada de igual maneira por todos os tribunais dos Estados-Membros.[251]

Todavia, a competência atribuída ao Tribunal de Justiça, como já referido, não se trata de uma competência plena, mas sim de uma competência de atribuição, em razão das limitações impostas pelos Tratados constitutivos, podendo exercer funções jurisdicionais quando provocado nas ações (e recursos) que compõem o contencioso comunitário.[252]

De modo que em tudo o mais a competência para aplicar o Direito Comunitário é dos juízes nacionais dos Estados-Membros. Ora, se da construção comunitária surgem direitos e obrigações para os indivíduos em geral e o próprio Tribunal de Justiça já reconheceu o princípio da aplicabilidade imediata, ante a falta de uma jurisdição comunitária genérica, constituída de órgãos comunitários, constituem-se as jurisdições nacionais em verdadeiros tribunais da ordem comunitária.

---

[251] "Le rôle unificateur du juge dans la Communauté". *Études de droit des Communautés Européennes, Mélanges offerts à Pierre-Henri Teitgen.* Paris: Pedone. 1984, p. 227. *Apud* Dámaso Ruiz-Jarabo Colomer. *Op. cit.*, p. 27-28.

[252] Rui Manuel Gens de Moura Ramos. *Das Comunidades à União Européia.* Coimbra: Coimbra Editora, 1999, p. 222.

Cooperação Jurisdicional

Claro que este sistema de atribuição de competência jurisdicional aos Estados-Membros não se fez sem o risco das decisões destes sofrerem influência das características próprias de cada Estado, afeiçoados a tradições e modos próprios de atuação, o que poderia constituir-se em verdadeiro mecanismo de destruição do Direito Comunitário, em razão da quebra da uniformidade na aplicação dos seus textos legais.

Foi para limitar estes riscos que os autores dos Tratados criaram a figura do reenvio prejudicial, mecanismo processual que permitiu institucionalizar e manter aceso o diálogo entre as jurisdições nacionais e o Tribunal de Justiça.

Assim, em resposta à primeira das indagações antes formuladas, pode-se dizer que foi o vínculo orgânico criado entre as jurisdições nacionais e o Tribunal de Justiça que serviu, ao longo dos anos, para incrementar a aplicação uniforme do Direito Comunitário e desenvolver o seu papel.

Em resposta a segunda indagação, é necessário referir que, se ausente este processo cooperativo, não teria havido a integração Européia, nas palavras de Pierre Pescatore.[253]

3.1. AS JURISDIÇÕES NACIONAIS EM BUSCA DO DIREITO

No item anterior, foi visto que o desenvolvimento e a evolução da integração entre blocos de países não ocorre sem a contribuição prestada pelo exercício jurisdicional do Poder Judiciário de cada Estado.[254]

São os magistrados nacionais, a quem sempre destinou-se a clássica tarefa de aplicar o direito interno, como regra, e o direito alienígena, como exceção, de acordo com as regras de Direito Inter-

---

[253] *Le droit communautaire et droit national selon la jurisprudence de la cour de justice des communautés européennes* Apud Sidnei Agostinho Benetti. *Op. cit.*, p. 123.

[254] Na doutrina brasileira, emblemática é a obra de Cândido Rangel Dinamarco. *Op. cit.*, pp.149-264 onde o autor desenvolve a idéia dos escopos da jurisdição como sendo três: o social, político e o jurídico. Classicamente a jurisdição sempre foi vista como destinada a satisfazer apenas uma finalidade: a jurídica. Mudanças no modo de ver a atuação da jurisdição e no modo de entender o direito processual ocasionaram esta ampliação dos objetivos da prestação jurisdicional. Não é diferente com a atuação das Justiças nacionais, quando exercem o mister de aplicar o direito comunitário. Daí o seu papel preponderante na construção e fixação deste.

nacional Privado,[255] os primeiros aplicadores das normas de Direito Comunitário. Isto, num primeiro momento, poderia gerar perplexidade da doutrina pouco afeita ao tema, frente à presunção de deveria existir um Poder Judiciário independente, exclusivamente para fazer a "justiça comunitária".

Não é assim, como bem mostra a realidade européia, cuja cooperação entre as jurisdições nacionais e o Tribunal de Justiça, consolidou-se pelo largo uso, especialmente na última década do reenvio prejudicial.[256] Ao contrário, os juízes nacionais seguem sendo soberanos em suas respectivas ordens jurídicas, inclusive para a aplicação do Direito Comunitário. Nesse propósito, o artigo 240 do Tratado da Comunidade Européia é claro ao não subtrair dos juízes nacionais a sua plena competência jurisdicional, como segue:

> "Art. 240 – Sem prejuízo da competência atribuída ao Tribunal de Justiça pelo presente Tratado, os litígios em que a Comunidade seja parte não ficam, por este motivo, subtraídos à competência dos órgãos jurisdicionais nacionais."

Cabe lembrar, todavia, que é a natureza da relação jurídica de direito material estabelecida entre os indivíduos na sociedade que vai definir qual a espécie de norma jurídica material aplicável para solucionar um conflito eventualmente surgido. Neste contexto, ante a ausência de uma jurisdição comunitária organizada em todos os Estados-Membros da União Européia, a competência dos juízes nacionais apenas foi alargada desde o surgimento do Tratado de Paris em 1951, porque passou a caber a eles a aplicação do Direito Comunitário, conseqüência da força específica de penetração deste Direito no ordenamento jurídico interno dos Estados, reconhecida pelo Tribunal de Justiça quando atribuiu às normas de Direito Comunitário aplicabilidade imediata, efeito direto e primazia.

A posição do Tribunal, ainda que tenha sido sedimentada finalmente no ano de 1976, no julgamento do processo *Simmenthal*,[257] reconhecendo finalmente a aplicabilidade direta e a primazia do direito comunitário, tinha primeiramente, endereço e sujeitos certos: os juízes nacionais, a quem compete afastar qualquer norma

---

[255] No Brasil, as regras sobre Direito Internacional Privado encontram-se na Lei de Introdução ao Código Civil, onde estão previstos os "elementos de conexão" que conduzem o juiz nacional a aplicar o direito material estrangeiro. Ver Beat Walter Rechsteiner, *Direito Internacional Privado: Teoria e prática*. São Paulo: Editora Saraiva, 1998. 314 p.

[256] Abel Laureano. *Op. cit.*, p. 30.

[257] Citado na nota 91.

nacional incompatível com os regramentos comunitários, ainda que posteriores, não estando jungidos a esperar que os mecanismos jurídicos e legislativos internos retirassem do mundo jurídico a norma nacional colidente. ·

Todavia, não se pode olvidar que os juízes nacionais exercem este papel no contexto das regras processuais de direito interno, as quais nem sempre lhes garantem os meios processuais adequados para garantir a plenitude do Direito Comunitário.[258]

Ainda assim, em dois julgamentos importantes, a jurisprudência do Tribunal reconheceu aos cidadãos europeus o que se poderia denominar de direito a um juiz, como o fez no julgamento do processo *Johnston*, bem como afirmou que os cidadãos poderiam exigir um controle jurisdicional efetivo sobre a aplicação das normas comunitárias, direito este que adviria de um princípio geral do Direito Comunitário derivado das tradições constitucionais comuns dos Estados-Membros. Isto é, o direito processual interno não poderia privar os indivíduos da possibilidade de fazer valer, na via jurisdicional, direitos outorgados pela ordem comunitária, como foi preconizado no processo *Heylens*.[259]

A função dos juízes nacionais, com vista no que foi exposto, restou ampliada e enriquecida, pois, elevado à condição de juiz comunitário, é responsável pelo controle da legalidade comunitária. De modo que, qualquer juiz nacional, de qualquer esfera hierárquica, tem o poder de controlar a submissão do direito interno ao direito comunitário.

Esta foi uma realidade, sem dúvida, difícil de assimilar, já que para além do costumeiro exercício jurisdicional de interpretar e aplicar o direito interno, os juízes nacionais viram-se compelidos a responder a todo e qualquer cidadão que, perante eles, postulasse direitos assegurados pelo Direito Comunitário.[260]

Entretanto, a paulatina tomada de consciência dos juízes nacionais da importância de seu papel na aplicação do Direito Comunitário e de que relação cooperativa tecida entre eles e o Tribunal de Justiça, foi decisiva para o incremento da integração européia, pode ser atribuída a alguns fatores como:

---

[258] Denys Simon. Les exigences de la primauté du droit communautaire: continuité ou metamorphoses? *In: L'Europe et le droit, Mélanges em hommage à Jean Boulouis.* Paris: Dalloz, 1991, p. 484.

[259] Dámaso Ruiz-Jarabo Colomer. *Op. cit.,* p. 37. Ver Johnston. TJCE, *Recueil.* Aff. 222/84, de 15 de maio de 1986, p. 1663. Ver *Heylens*, Aff. 222/86, em 15 de outubro de 1987, p. 4097.

[260] Dámaso Ruiz-Jarabo Colomer. *Op. cit.,* p. 38.

a) o reconhecimento de que o reenvio prejudicial é um mecanismo processual de grande importância para a consolidação do Direito Comunitário;

b) a cooperação poderia ocorrer de forma fácil ante a simplicidade, em termos formais, para remetê-lo ao Tribunal de Justiça;

c) a decisão do juiz nacional de suscitar o Tribunal de Justiça em nada diminui a sua competência, ao contrário, a reforça;

d) suscitando o Tribunal de Justiça, os juízes nacionais restaram por ter a certeza que também para outros Estados-Membros a decisão sobre a matéria será idêntica, preservando-se assim o princípio da isonomia na Comunidade.

Enfim, a função dos juízes nacionais como aplicadores natos do direito material foi significativamente ampliada, enriquecida e assumiu um indesmentível papel: atender a vontade das Comunidades e dos Estados-Membros de aprimorar a integração, avançando da mera união econômica para a união política.[261]

A última estatística do Tribunal de Justiça dá idéia, ainda que parcial, a partir das ordens de reenvio endereçadas ao mesmo, do trabalho desempenhado pelos juízes nacionais. É o que segue.

3.1.1. Número de demandas: a estatística do Tribunal de Justiça

Anualmente, o Tribunal de Justiça publica relatório de suas atividades. O do ano de 1999 mostra que o número total de reenvios prejudicias remetidos a ele desde o ano de 1961 foi de 4157. Em confronto com o número total de recursos diretos que foram 6437, pode-se depreender, com facilidade, que, individualmente, o reenvio prejudicial está em primeiro lugar.[262]

Realizando-se análise do uso que as jurisdições de cada Estado-Membro fizeram do reenvio prejudicial, desponta a Alemanha em primeiro lugar. Do total de reenvios, ela foi responsável por 27,95%.

Os resultados aferidos podem ser observados nas tabelas a seguir.

---

[261] A concretização deste objetivo pode ser vista pelos próprios termos do Tratado de Maastricht, que criou a União Européia, especialmente seus artigos A e B. A culminação ocorreu com o Tratado de Amsterdam que mantendo a distinção entre a União Européia e as três Comunidades, restou por comunitarizar matérias antes inseridas no chamado terceiro pilar (assuntos internos e justiça) e afeitas à cooperação intergovernamental.

[262] Os instrumentos processuais do contencioso comunitário foram descritos no item 1.2.6 retro.

Cooperação Jurisdicional

Tabela 1 – Evolução geral da atividade judiciária da Corte de Justiça até 31 dezembro de 1999 – Processos introduzidos e decisões

| Ano | Processos introduzidos | | | | Demandas de urgência | Decisões |
	Recursos diretos	Reenvios prejudiciais	Recursos ordinários	Total		
1953	4			4	-	-
1954	10			10	-	2
1955	9			9	2	4
1956	11			11	2	6
1957	19			19	2	4
1958	43			43	-	10
1959	47			47	5	13
1960	23			23	2	18
1961	25	1		26	1	11
1962	30	5		35	2	20
1963	99	6		105	7	17
1964	49	6		55	4	31
1965	55	7		62	4	52
1966	30	1		31	2	24
1967	14	23		37	-	24
1968	24	9		33	1	27
1969	60	17		77	2	30
1970	47	32		79	-	61
1971	59	37		96	-	-
1972	42	40		82	2	61
1973	131	61		192	6	80
1974	63	39		102	8	63
1975	61	69		130	5	78
1976	51	75		126	6	88
1977	74	84		158	6	100
1978	145	123		268	7	97
1979	1216	106		1322	6	138
1980	180	99		279	14	132
1981	214	108		322	17	128
1982	216	129		345	16	185
1983	199	98		297	11	151
1984	183	129		312	17	165
1985	294	139		433	22	211
1986	238	91		329	23	174
1987	251	144		395	21	208
1988	194	179		373	17	238
1989	246	139		385	20	188
1990	222	141	16	379	12	193
1991	142	186	14	342	9	204
1992	253	162	25	440	4	210
1993	265	24	17	486	13	203
1994	128	203	13	344	4	188
1995	109	-	48	408	3	172
1996	132	256	28	416	4	193
1997	169	239	35	443	1	242
1998	147	264	70	481	2	254
1999	214	255	72	541	4	235
TOTAL	6437	4157	338	10932	317	4996

Fonte: Cour de Justice des Communautés europeennes, Statistiques Judiciaires de la Cour de Justice em 1999. (CJCEstat 199.pdf).

Tabela 2 – **Reenvios prejudiciais introduzidos – Repartição por Estado-Membro**

Ano	Bel.	Din.	Ale.	Gréc.	Esp.	Fran.	Irl.	Ital.	Lux.	Hol.	Aus.	Por.	Fin.	Sué.	RU.	Total
1961	-		-			-		-	-	1						1
1962	-		-			-		-	-	5						5
1963	-		-			-		-	1	5						6
1964	-		-			2		-	-	4						6
1965	-		4			2		-	-	1						7
1966	-		-			-		-	-	1						1
1967	5		11			3		1	-	3						23
1968	1		4			1		1	-	2						9
1969	4		11			1		-	1	-						17
1970	4		21			2		2	-	3						32
1971	1		18			6		5	1	6						37
1972	5	—	20		—	4		1	-	10					—	40
1973	8	-	37			4	-	5	1	6					-	61
1974	5	-	15			6	-	5	-	7					1	39
1975	7	1	26			15	-	14	1	4					1	69
1976	11		28			8	1	12	-	14					1	75
1977	16	1	30			14	2	7	-	9					5	84
1978	7	3	46			12	1	11	-	38					5	123
1979	13	1	33			18	2	19	1	11					8	106
1980	14	2	24	—		14	3	19	-	17					6	99
1981	12	1	41	-		17	-	11	4	17					5	108
1982	10	1	36	-		39	-	18	-	21					4	129
1983	9	4	36	-		15	2	7	-	19					6	98
1984	12	3	38	-		34	1	10	-	22					9	129
1985	13	-	40	-	—	45	2	11	6	14		—			8	139
1986	13	4	18	2	1	19	4	5	1	16		-			8	91
1987	15	5	32	17	1	36	2	5	3	19		-			9	144
1988	30	14	34	-	1	38	-	18	2	26		-			16	179
1989	13	2	47	2	2	28	1	10	1	18		1			14	139
1990	17	4	34	3	6	21	4	25	4	9		2			12	141
1991	19	2	54	3	5	29	2	36	2	17		3			14	186
1992	16	3	62	1	5	15	-	22	1	18		1			18	162
1993	22	7	57	5	7	22	1	24	1	43	—	3	—	—	12	204
1994	19	4	44	-	13	36	2	46	1	13	—	1	—	—	24	203
1995	14	8	51	10	10	43	3	58	2	19	2	5	-	6	20	251
1996	30	4	66	4	6	24	-	70	2	10	6	6	3	4	21	256
1997	19	7	46	2	9	10	1	50	3	24	35	2	6	7	18	239
1998	12	17	49	5	55	16	3	29	2	21	16	7	2	6	24	264
1999	13	3	49	3	4	17	2	43	4	23	56	7	4	5	22	255
Total	410	81	1162	56	125	611	39	624	46	516	115	38	15	28	291	4157

Fonte: Cour de Justice des Communautés européennes, Statistiques Judiciaires de la Cour de Justice em 1999. (CJCEstat 199.pdf).

Enfim, uma última análise destes dados faz concluir que a expressão "Europa dos Juízes", anteriormente citada, sem qualquer tom pejorativo, bem se adequa aos dados estatísticos, já que o reenvio prejudicial possui evidente superioridade numérica em relação às demais figuras processuais comunitárias, o que demonstra que as jurisdições nacionais não hesitam em buscar resposta junto ao Tribunal de Justiça para a aplicação uniforme e efetiva do Direito Comunitário, e que não se preocupam apenas com a aplicação do direito nacional. Tal *performance* é a prova concreta do grau de maturidade alcançada pelos juízes nacionais, especialmente nas duas últimas décadas.

Se isso é importante e relaciona-se diretamente com o objeto desta pesquisa, porque contribui, sobremaneira, à demonstração da importância do reenvio prejudicial na construção da ordem comunitária, não menos importante é a demonstração da natureza do direito material envolvido nos litígios pendentes perante as jurisdições nacionais, onde o reenvio tem nascedouro. É isso que se verá a seguir.

3.1.2. Tipos de demandas: a sua natureza material

A estatística do Tribunal de Justiça relativa ao ano de 1999 faz prova que a matéria que trata de livre circulação de pessoas no espaço comunitário foi a que gerou mais dúvidas de interpretação e de apreciação de validade por parte dos juízes nacionais, representando 22,44% do total de reenvios prejudicais naquele ano, figurando em segundo lugar as matérias relativas a Tributos.

Pode-se arriscar a dizer, ainda que com a ausência de uma fonte científica, que o elevado percentual de reenvios prejudiciais relativos à livre circulação de pessoas deve-se à incorporação, na competência do Tribunal de Justiça, do poder de apreciar a validade e interpretar as matérias antes relativas ao Terceiro Pilar da União Européia, concernentes a assuntos internos e Justiça, que eram afeitas à cooperação intergovernamental, para assegurar a livre circulação de pessoas no espaço comum, sem lesar a segurança e as liberdades dos cidadãos.[263]

No contexto do contencioso comunitário, a tabela abaixo dá idéia da natureza das matérias que mais geraram recursos diretos no ano de 1999 e também aquelas que mais dúvidas causaram aos

---

[263] Esse número expressivo de reenvios prejudiciais em matéria de livre circulação de pessoas talvez justifique-se, também, no fato de que a incorporação parcial das matérias do Terceiro pilar na competência da Comunidade Européia, foi feita com desvios ao método comunitário até então usado e aos poderes normais das instituições comunitárias, já que Dinamarca, Irlanda e Reino Unido podem escolher caso a caso as medidas comunitárias tomadas neste assunto a que pretendem vincular-se. José Barros Moura. *In: Tratados da União Européia. Op. cit.*, p. 19.

juízes nacionais e que provocam a busca de resposta no Tribunal de Justiça, mediante as ordens de reenvio.

Tabela 3 – **Objeto dos recursos**[264]

Objeto dos Recursos	Recursos Diretos	Reenvios Prejudicias	Recursos Ordinários	Total	Processo de Particulares
Agricultura	49	18	13	80	
Auxílio Estatal	13	1	1	15	
Associação de país e territórios do além-mar			1	1	
Cidadania Européia		2		2	
Concorrência	9	7	13	29	
Convenção de Bruxelas		2		2	
Direito de Empresas	1	9		10	
Direito Internacional	7		4	11	1
Energia	2			2	
Relações de Consumo	34	7		41	
Direito Tributário	6	55		61	
Livre Circulação de Capitais		3		3	
Livre Circulação de Mercadoria	6	15	2	23	
Livre Circulação de Pessoas	11	57	1	69	
Livre Prestação de Serviços	14	9		23	
Política Comercial		11		11	
Política Industrial	4	1		5	
Política das Regiões	2			2	
Política Social	11	19	3	33	
Princípios de Direito Comunitário		4		4	
Procedimentos		1		1	
Propriedade Intelectual		1	1	2	
Aproximação de Legislações	26	16		42	
Relações Exteriores		10	2	12	
Recursos próprios das Comunidades		1		1	
Transporte	16	5	1	22	
Total tratado CE	**211**	**254**	**42**	**507**	**1**
Direito Institucional	1			1	
Total tratado EA	**1**			**1**	
Auxílio Estatal	1		6	7	
Concurrence			1	1	
Siderurgia	1		8	9	
Total tratado CA	**2**		**15**	**17**	
Direito Institucional					1
Estatuto de Funcionários		1	15	16	
Total		**1**	**15**	**16**	**1**
TOTAL GERAL	**214**	**255**	**72**	**541**	**2**

[264] Ver fonte na Tabela 1.

3.1.3. Conseqüências do ponto de vista da "tradição nacional" dos juízes

A consciência dos magistrados, independentemente da escola ou sistema a que pertençam, seja o do *common law* ou o *romano-germânico*,[265] é de que o sistema de normas e precedentes de seus Estados, formaria o manancial suficiente à resolução dos litígios levados ao Poder Judiciário. É como se o sistema jurídico nacional, hermeticamente fechado, bastasse por si só.

Ligado a isso, nunca se teve dúvida quanto ao fato de que as jurisdições inferiores e recursais dos Estados estariam hierarquicamente subordinadas às instâncias jurisdicionais superiores de seu próprio sistema, como as Cortes Supremas, e estas não estariam submetidas a mais ninguém.

Isso deve-se muito mais à tradição do que à certeza de que esta é a melhor forma de fazer a distribuição da Justiça. Além disso, restringir-se ao seu próprio sistema é forte ponto de apoio à manutenção do clássico dogma do respeito "à soberania estatal,[266] porque o reconhecimento de que o magistrado interpretou ou aplicou mal a lei só acontece pela via recursal, inexistindo qualquer outro mecanismo conhecido. No entanto, justificar tal hermetismo com base na soberania é uma falácia, pois na afirmação de Deisy Ventura, a soberania jamais encontrou repouso.[267]

A tradição e a crença na soberania como expressão intocável do poder do Estado não resistiram, a partir do momento em que os magistrados nacionais dos países integrantes da hoje União Euro-

---

[265] Fatores históricos, culturais e sociais dividiram os sistemas processuais em dois grandes blocos: os do *case law* e os do *civil law*. Charles D. Cole trata do tema e faz o cotejo entre o federalismo americano e o sistema de precedentes. *In*: Precedentes judiciais: A experiência americana. *Revista de processo*. São Paulo, n. 92, p. 71-86. out./dez. 1998. Ver também René David. *Os grandes sistemas do Direito Contemporâneo*. 3. ed. São Paulo: Martins Fontes.1996.

[266] Deisy Ventura afirma que a sua percepção deriva muito mais dos propósitos políticos dos governantes do que propriamente da finalidade do conhecimento científico. Refere: "Na verdade, não há registro cronológico de uma *internacionalização* da política. As relações entre núcleos de organização humana, seja de troca, de disputa ou solidárias, jamais encontraram fronteiras. Ao contrário, criaram as últimas como limite do exercício do poder, portanto como item do relacionamento político já dado", *A Ordem jurídica do Mercosul*. Porto Alegre: Livraria do Advogado, 1996, p. 95. A questão também foi trabalhada por José Luiz Bolzan de Morais. Soberania, direitos humanos e ingerência: problemas fundamentais da ordem contemporânea. *O Mercosul em movimento. Série Integração Latino-Americana*. Porto Alegre: Livraria do Advogado, 1995, p. 130-150.

[267] *Ibid*. p. 100.

péia, passaram a ser os primeiros aplicadores do Direito Comunitário e tiveram de recorrer a um órgão superior e autônomo às
jurisdições nacionais para resolver suas dúvidas nesta matéria,
extraída que foi esta competência dos tribunais nacionais para
interpretar e apreciar a validade daquele Direito, já que o mesmo
não poderia ficar atrelado às vicissitudes das posições díspares das
jurisdições nacionais, em prejuízo da sua própria integridade e
inteireza.

3.2. A CONSOLIDAÇÃO DO DIREITO COMUNITÁRIO ATRAVÉS DO PROCESSO

O instituto do reenvio prejudicial é mera figura processual ou
causou repercussões políticas e sociais na Europa? A resposta para
tal indagação é que agora será tecida.

Um fenômeno peculiar do nosso tempo é a progressiva dilata-
ção da área da tutela jurisdicional, como conseqüência da difusão
do regime democrático e, portanto, do sistema de garantias.[268]
Especialmente após a Segunda Guerra Mundial houve um crescente fomento da área da jurisdicionalidade e o "processo jurisdicional" em razão de sua estrutura participativa e da condição de
terceiro julgador tornou-se o instrumento idôneo para assegurar a
justa composição dos litígios e o avanço dos sistemas jurídicos.[269]

Eduardo Couture afirmou que o processo em si mesmo é um
debate, no qual participam juízes, auxiliares, partes, testemunhas,
que agem segundo formalidades preestabelecidas em lei, as quais
variam no tempo e no espaço. Para ele, o processo judicial e o
processo dialético aparecem unidos por um *vínculo profundo.*[270]

Esse debate e essa dialética próprios do Direito processual
foram os canais usados pelas jurisdições nacionais e pela jurisdição

---

[268] Ítalo Augusto Andolina sublinha que a ordem democrática impõe que a cada
poder corresponda uma responsabilidade que por isso cada poder seja objeto de
controle correlato. Segundo ele, ao poder (ao seu exercício) combina-se um
interesse: o poder sendo sempre funcional à realização de um interesse, seja esse
público-coletivo e/ou de uma categoria até mesmo individual. Após referir sobre
variadas formas de controle, através dos quais realiza-se o sistema de garantias,
refere que o último deles é o jurisdicional. "O papel do processo na atuação do
ordenamento constitucional e transnacional". *Revista de Processo*. São Paulo. n. 97,
jul./set. 1999, p. 62-69.
[269] *Ibid.* p. 64.
[270] *Introdução ao estudo do processo Civil*. Rio de Janeiro: Forense, 1995, p. 43.

Cooperação Jurisdicional

do Tribunal de Justiça para consolidar o Direito Comunitário na Europa, realidade que foi capaz de dar novo vulto ao processo jurisdicional justamente porque os ordenamentos internos dos Estados abriram-se a novas e mais intensas formas de cooperação jurisdicional.

Giovanni Verde a propósito de um processo comum para a Europa assevera que o mercado comum europeu, especialmente após o Tratado de Maastricht, representa um processo de integração política em estágio muito avançado e que transformou uma vasta região em um único reagrupamento político-social.[271] Neste sentido, não é mais possível pensar em que as relações sociais sejam disciplinadas por direitos nacionais completamente diversos de outros. No que toca ao direito processual, portanto, defende a necessidade urgente de que na Europa seja elaborado um projeto normativo com vista a harmonizar as normas processuais em todos os países.

Na verdade, a relação do processo jurisdicional de direito interno com o ordenamento comunitário tornou-se biunívoca,[272] ou seja, o processo recebeu algumas coisas do ordenamento comunitário e deu algumas coisas a ele. Por quê? Porque de um lado a estrutura processual-constitucional[273] de cada Estado enriqueceu-se de garantias mais plenas, na medida em que foi se afeiçoando ao modelo de processo justo previsto nos Tratados constitutivos e demais textos internacionais.[274]

---

[271] O autor afirma: "In europa non c'è molto tempo. Il mercato comune, dopo gli accordi di Maastricht, è um fatto compiuto ed il processo di integrazione politica à in uno stadio assai avanzato. Sempre piu non si è cittadini del proprio stato di origine, ma dell'Europa; sempre più i singoli Stati si vanno trasformando in vaste regione di um único ragguppamento político-sociale. (...)É, tuttavia evidente che um codice-tipo non sarebbe sufficiente; è necessário um intervento più incisivo e immediato. (...) al fine di elaborare um progeto di armonizzazione delle normative processuali civili nei vari Paesi." *In*: Um processo comune per L'Europa: Strumenti e Prospective. *Revista de Processo*. São Paulo, n. 21, p. 228-240. abr./jun. 1996.

[272] A expressão é de Andolina, o qual, no entanto, refere-se à relação entre processo e ordem internacional e transnacional. *Op. cit.*, p. 66.

[273] Foi em decorrência da solidificação da Democracia em vários países que as Constituições Federais passaram a regular princípios processuais, sendo o mais relevante deles o do contraditório. Exemplo disso é ao artigo 5º da Constituição Federal brasileira que o prevê no inciso LV.

[274] Neste sentido: Conferência de Haia de 01.02.1971; Tratado de Roma de 1957; Conferência de Bruxelas de 27.03.1957; Conferência de Lugano de 16.09.1968, *In*: Ítalo Andolina. *Op. cit.*, p. 66. Não se pode olvidar, também, a Convenção Européia para Salvaguarda dos Direitos do Homem e das Liberdades Fundamentais de 01.11.1950, explicitamente prevista no Art. 6º do Tratado da União Européia.

De outro lado, o processo jurisdicional de cada Estado-Membro constituiu-se no instrumento de atuação do ordenamento comunitário porque sede onde podem ser levantadas as questões sobre constitucionalidade e legalidade comunitária.

Em essência, a jurisdição só age através do Direito processual. O trabalho conjunto e inicialmente acanhado, desenvolvido nas duas esferas de jurisdição, através da aplicação das regras de direito processual internas e do direito processual comunitário para a construção dos principais conceitos e princípios do Direito Comunitário, mostrou bem que a época de construção dos grandes conceitos do Direito Processual ficou para trás no tempo, nas fases do sincretismo e autonomia[275] e que ele cumpriu e tem cumprido fielmente um dos objetivos para os quais foi criado: servir de instrumento à aplicação do direito material a fim de que os titulares de direitos possam receber do Estado a efetiva resposta às suas pretensões e, assim também servir de agente transformador da sociedade e veiculador da participação dos cidadãos nas decisões estatais,[276] no caso, dos órgãos comunitários.

A atuação dos juízes nacionais e da Justiça comunitária do Tribunal de Justiça reforçou a idéia da instrumentalidade do processo[277] relativamente ao direito material comunitário e ressaltou o seu escopo político e social,[278] pelo fato de que grandes questões

---

[275] Na fase do sincretismo jurídico ocorria confusão entre os planos do direito material e do direito processual, o qual não era considerado uma ciência autônoma. Na fase da autonomia, que se iniciou no final do Séc. XIX, o direito processual adquiriu autonomia e foi nela que frutificaram os seus grandes conceitos. Elas representariam a primeira e a segunda fases na escalada evolutiva do Direito processual. Sobre o tema, importante é a lição de Cândido Rangel Dinamarco. *A instrumenalidade do processo. Op. cit.*, p. 18-19. Ovídio A. Baptista da Silva trabalha a questão e vai ao âmago das origens da Jurisdição e do processo no Direito romano-canônico. *In: Jurisdição e execução na tradição romano-canônica.* São Paulo: RT, 1996. 229 p.

[276] Rico é o artigo de autoria de Aloísio Zimmer Júnior, A recuperação da noção de Thelos para o processo, onde ele afirma: "(....) recuperar a noção da finalidade para o processo significa entendê-lo não como um fim em si mesmo, mas como um meio de obtenção do direito material pleiteado segundo um critério de Justiça, ao mesmo tempo em que se afirma a paz entre os privados. O fundamental é alcançarmos a finalidade do processo que não é outra senão a sua efetividade". *In: Elementos para uma nova Teoria Geral do Processo.* Carlos Alberto Álvaro de Oliveira (Org.). Porto Alegre: Livraria do Advogado, 1997, p. 36.

[277] Esse seria o terceiro e magno momento metodológico do processo, onde a preocupação é o seu endereçamento teleológico, com o alargamento das vias de acesso ao Poder Judiciário e a eliminação das diferenças. Cândido Dinamarco. *Op. cit.*, p. 23.

[278] Por escopo social entende-se que a jurisdição deve promover a paz social e a educação, conscientizando os membros da sociedade para seus direitos e obriga-

---

Cooperação Jurisdicional

ligadas ao direito material, desde a criação dos seus mais importantes princípios – aplicabilidade imediata e primazia – até a garantia dos direitos humanos na União Européia, foram debatidas no âmbito de relações processuais através do mecanismo processual, não contencioso, do reenvio prejudicial.

Foram as insatisfações dos cidadãos europeus que justificaram a atuação dos juízes nacionais e da justiça comunitária, através do processo, e a eliminação delas é que restou por lhes conferir legitimidade.

A importância do Direito Processual e, por conseqüência, do reenvio prejudicial que é um de seus institutos, repousa exatamente no estreito vínculo que este mantém com o direito material comunitário, sendo indesmentível, portanto, o seu viés instrumental frente ao último. A doutrina moderna, segundo sublinha Ovídio Araújo Baptista da Silva, tentou, quase com sucesso, eliminar o elo de ligação entre o processo e o direito material, mas, passado o tempo, foi possível recuperar a noção de que a jurisdição e o processo são instituições criadas pelo Estado com a exclusiva finalidade de realizar a ordem jurídica que ele próprio estabelece.[279] Somente a partir deste resgate, anota o autor, é que foi possível pensar-se, de forma séria, na função instrumental do processo.

Tais noções, ao que se vê, não se restringem ao âmbito do Direito interno. Com muito mais razão, no que pertine à ordem jurídica supranacional, especialmente pelas "novidades" de que se revestiu, o caráter instrumental da ciência do processo foi crucial para alavancar os princípios necessários à consolidação do Direito Comunitário. Afinal, não fosse assim, dificilmente a Europa teria atingido a última fase do processo de integração, na qual desponta, em primeiro lugar o cidadão europeu.

Não poderia ser diferente, pois o juiz, seja nacional ou comunitário, no exercício de sua função, colabora na construção dos valores fundamentais consagrados por ela. Conforme enuncia Ruy Rosado de Aguiar Júnior, a atuação do juiz é controlada pela comunidade total, porque há sempre uma tensão entre o princípio que o submete à ordem legal, o princípio que exige a realização da

---

ções. Pelo escopo político entende-se que a autoridade estatal (leia-se aqui: comunitária) decide imperativamente e reforça seu poder; concretiza o culto à liberdade e assegura aos cidadãos a participação nos destinos da sociedade política. *Ibid*, p. 158-176.

[279] *Jurisdição e execução na Tradição romano-canônica*. São Paulo: RT, 1996, p. 164.

justiça no caso concreto, e a remissão da decisão judicial à vontade do corpo social.[280]

Modesto Saavedra destaca também que a legitimidade do poder jurisdicional decorre não só de como está organizado, mas também da sua função de decidir de acordo com as aspirações da sociedade.[281]

A prática jurisdicional européia, portanto, através do exercício cooperativo, oportunizado através do reenvio prejudicial, é o exemplo de que o Direito Processual muito além do escopo meramente jurídico, possui outros fins, que visam a permitir a participação política dos cidadãos, a realização da paz social e a evolução do Direito. Vem daí que a União Européia encontra-se na quarta fase do modelo supranacional, que é a da Zona de União política e econômica justamente porque o Direito Comunitário evoluiu para isso.[282] Esta é a resposta para a formulação feita no início deste item.

As grandes sentenças do Tribunal de Justiça, portanto, foram as responsáveis por este *status quo*, como será visto a seguir.

3.2.1. A importância das grandes sentenças do Direito Comunitário: os reenvios

O conteúdo das decisões proferidas pelo Tribunal de Justiça no julgamento de reenvios prejudiciais foi significativo para a construção da União Européia?

No item 2.2 deste livro foi possível realizar uma abordagem ampla de decisões célebres proferidas pelo Tribunal, as quais comprovaram que o objetivo da existência do reenvio prejudicial foi cumprido, já que foi capaz de viabilizar a interpretação e aplicação uniforme do Direito Comunitário nas mais variadas matérias comunitarizadas.

A jurisprudência comunitária, outrossim, tem-se caracterizado pela constância e a uniformidade. Esta é a finalidade da existência do reenvio prejudicial e que tem sido constantemente reconhecido pelo Tribunal de Justiça.

---

[280] Responsabilidade social e política dos juízes nas democracias modernas. *Ajuris*, n. 70, p. 19.

[281] Interpretación Judicial del derecho y democracia. *Ajuris*. Publicações eletrônicas. 1-74 V. V. 68, p. 299-312.

[282] Maristela Basso. Perspectivas do Mercosul através de uma visão econômico-jurídica. *Op. cit.*, p. 42.

Cooperação Jurisdicional

Assim, como exemplos paradigmáticos, podem ser citados alguns acórdãos. No acórdão *Van Gend em Loos*,[283] o Tribunal afirmou que a finalidade do ex-Art. 177 era garantir a "unidade de interpretação" pelos órgãos jurisdicionais nacionais. Em seguida, no acórdão *Da Costa*[284] o Tribunal novamente referiu sobre a uniformidade do Direito Comunitário.

No processo *Molkerei-Zentrale*,[285] o Tribunal, mais enfático, afirmou que "a utilização do artigo 177 pelos órgãos jurisdicionais nacionais, permitindo ao Tribunal assegurar a interpretação uniforme do Tratado, é suscetível de facilitar uma aplicação idêntica deste". Da mesma forma, no processo *International Chemical Corporation*,[286] preconizou que o ex-artigo 177 em essencialmente por objetivo assegurar a aplicação uniforme do Direito Comunitário, assim também foi decidido no processo conhecido como *Wünsche*.[287]

No entanto, se o reconhecimento da uniformidade de interpretação do Direito Comunitário como sendo a finalidade ímpar do mecanismo processual do reenvio prejudicial foi importante, outras grandes decisões foram proferidas como aquelas que erigiram os princípios retores do Direito Comunitário, expostos nos processos *Van Gend em Loos*, *Costa/ENEL*[288] e *Simmenthal*,[289] que reconheceram a aplicabilidade imediata e a primazia das regras do ordenamento jurídico comunitário.

Ainda que breve a remissão às grandes sentenças do Tribunal de Justiça, a resposta a indagação feita no início deste item é que a sua jurisprudência encarregou-se de construir os grandes pilares do Direito Comunitário e da estrutura supranacional na Europa. Lapidar a lição de Pierre Pescatore neste sentido quando sublinhou que:

> "Para além da necessidade de unidade, que é um tema dominante das decisões de remessa das jurisdições nacionais como dos próprios acórdãos do Tribunal, o recurso prejudicial tem contribuído fortemente para a perfeição do Direito Comunitário".[290]

---

[283] Ver nota 58.

[284] TJCE. *Recueil.* Aff. 28-30/62, de 27 de março de 1963, p. 59.

[285] TJCE. *Recueil.* Aff. 28/67, de 03 de abril de 1968, p. 211.

[286] Ver nota 218.

[287] Ver nota 151.

[288] Ver nota 85.

[289] Ver notas 81 e 139.

[290] O Recurso Prejudicial do Art. 177 do Tratado CEE e a Cooperação do Tribunal com as jurisdições nacionais, *Apud* Abel Laureano. *Op. cit.*, p. 200.

Não se pode negar, portanto, que o ativismo judiciário dos juízes nacionais em conjunto com as respostas dadas pelo Tribunal de Justiça que erigiram esta perfeição do Direito Comunitário, é que tornaram efetivas para os cidadãos suas regras.[291]

3.2.2. O Papel do Tribunal de Justiça: quem são os beneficiários?

O reenvio prejudicial que oportunizou o diálogo entre as duas esferas de jurisdição pode ser considerado um instrumento a favor do "livre mercado" ou do cidadão europeu? A resposta a esta questão está diretamente ligada ao acesso à Justiça.

Vinculado ao fato de que a estrutura institucional supranacional da União Européia importou no partilhamento das soberanias do Estados-Membros, está outro fato, antes já abordado, de que os sujeitos do ordenamento jurídico comunitário não são somente os Estados, como se dá nas relações do Direito Internacional clássico, mas também os indivíduos dos mesmos, que passam a ser vinculados estreitamente com o processo de integração, em direitos e obrigações, já que as regras do Direito Comunitário os afetam diretamente.

Esta premissa restou clara a partir do Tratado de Maastricht que estabeleceu expressamente a *cidadania da União*, outorgando aos cidadãos uma série de direitos civis e políticos, que intensificaram o vínculo entre estes e a União Européia.[292]

Colocar o indivíduo e os seus interesses ao centro da integração na Europa tem sido a principal preocupação da União Européia.[293] Nesta esteira, o Tratado de Maastricht, em seu artigo 6º, estabeleceu os princípios fundamentais da Comunidade, sendo

---

[291] O ativismo do judiciário revela elevado grau de politização do Poder Judiciário e a carga ideológica a que o processo está ligado, conforme referiu Marcel Storme. O autor afirmou ainda: "Alexis de Tocqueville écrivait déjà em 1835 que toute question politique non résolue aus États-Unids arrivait tôt ou tard devant le juge", L'Ativisme du juge, *Anais do IX Congresso Mundial de Direito Judiciário.* Coimbra-Lisboa, 1991.

[292] A previsão está no Art. 17: "1. É instituída a cidadania da União. É cidadão da União qualquer pessoa que tenha a nacionalidade de um Estado-membro. A cidadania da União é complementar da cidadania nacional e não a substitui. 2. Os cidadãos da União gozam de direitos e estão sujeitos aos deveres previstos no presente Tratado".

[293] Esta preocupação está textualmente descrita no *site* da União Européia: http://europa.eu.int.

Cooperação Jurisdicional

eles: a liberdade; o respeito pelos direitos do Homem e pelas liberdades fundamentais, bem como do Estado de Direito. As instituições européias reconheceram o respeito a estes direitos, como princípios fundamentais e fomentaram vários direitos relacionados com a livre circulação de pessoas.[294] Ami Barav e Christian Philip[295] sublinham que a eficácia e a efetividade do princípio da livre circulação de pessoas supõe em primeiro lugar, que seus beneficiários tenham direito de acesso a todos os Estados-Membros.

Ademais, a teoria do efeito direto das normas comunitárias outorga a qualquer pessoa dotada de personalidade jurídica de requerer a tutela jurisdicional, com a finalidade de ver atendidos princípios e regras comunitárias.[296]

No entanto, o conjunto de ações processuais que integram o sistema do contencioso comunitário junto ao Tribunal de Justiça não confere legitimidade aos cidadãos para, na via direta, postularem a tutela jurisdicional junto a este, à exceção da ação de anulação, que se presta ao controle da legalidade dos atos comunitários, mas que estreita as vias de acesso dos mesmos à justiça, uma vez que limita o prazo prescricional para sua propositura em exíguos dois meses a partir da publicação ou da notificação do ato ingitado de ilegal.[297, 298]

No tocante à ação por omissão ou carência, a previsão do Tratado da Comunidade Européia também não defere às pessoas, singulares ou coletivas, garantia de eficácia dos direitos advindos do mesmo, uma vez que só possuem legitimidade para "acusar" a omissão do Parlamento, do Conselho ou da Comissão em praticarem algum ato previsto no mesmo Tratado. Resta-lhes, apenas, a via da indenização por responsabilidade extracontratual, conforme a previsão do artigo 288 do Tratado da Comunidade Européia.[299] Todavia, é certo que nem sempre a satisfação pessoal daquele que sofreu

---

[294] Sobre isso o artigo 18 do tratado da Comunidade Européia preconiza; "Art. 18- Qualquer cidadão goza do direito de circular e permanecer livremente no território dos Estados-membros, sem prejuízo das limitações e condições previstas no presente Tratado e nas disposições adotadas em sua aplicação".

[295] *Dictionnaire juridique. Op. cit.*, p. 176.

[296] Vide item 1.2.5.1.

[297] O rol de ações que compõem o contencioso comunitário está descrito no item 1.2.6.

[298] Artigo 230, n. 5, do Tratado da Comunidade Européia.

[299] O artigo 288, n. 2, refere: "Art. 288, 2- Em matéria de responsabilidade extracontratual, a Comunidade deve indenizar, de acordo com os princípios gerais comuns dos Estados-membros, os danos causados pelas suas Instituições ou pelos seus agentes no exercício de suas funções".

o dano ante a omissão será a mesma apenas com a colocação em prática do mecanismo da indenização, quando a efetividade de seu direito só seria alcançada com a *specific performance* da obrigação.[300]

São as jurisdições nacionais, então, que garantem o acesso dos cidadãos europeus à Justiça. É perante seus magistrados que as grandes questões de Direito Comunitário são travadas, exatamente porque, segundo aponta Luiz Fernando Franceschini da Rosa, o princípio da efetiva proteção jurisdicional aos particulares compõe o acervo de princípios comuns dos Estados-Membros[301] e nele está inserido o direito a uma ação jurisdicional efetiva e o *droit au juge*,[302] como antes enunciado, conforme foi confirmado pelo Tribunal de Justiça nos processos *Johnston* e *Heylens*.

O amplo acesso aos órgãos judiciários nacionais decorre de um princípio constitucional de direito interno, o qual restou por ser incorporado pelo Tribunal de Justiça e passou a constituir-se em princípio geral de Direito Comunitário, com aplicação ampla às mais variadas matérias de índole comunitária.[303]

Portanto, no âmbito das jurisdições nacionais não existem restrições à propositura de ações diretas dos cidadãos a fim de buscar a proteção de direitos advindos dos Tratados constitutivos e do direito derivado. Na medida em que não existe relação de hierarquia entre os juízes nacionais e a jurisdição do Tribunal de Justiça, é o reenvio prejudicial que serve de ponte entre ambos e que permite aos cidadãos, ainda que pela via de um mecanismo processual em que sua atuação é acanhada e que não possui contraditório, obter junto ao Tribunal de Justiça a última palavra sobre o Direito Comunitário.

De forma que, a resposta à indagação feita no início deste tópico é a de que os grandes beneficiários do diálogo permanente estabelecido pelo artigo 234 do Tratado da Comunidade Européia são muito mais os cidadãos, do que apenas estritos interesses com o livre mercado.

---

[300] Nos mais variados ordenamentos jurídicos, o sucedâneo da indenização é o último preconizado pelas leis processuais. A imposição de multas ou *astreintes* é a primeira previsão especialmente para as obrigações de fazer. O teor do artigo 461 do Código de Processo Civil brasileiro, por exemplo, retrata esta realidade. Na doutrina, Ada Pellegrini Grinover expõe o tema. "Tutela jurisdicional das obrigações de fazer e não fazer.*Revista de Processo*. São Paulo, n. 79, p. 65-76, jul./set. 1995.

[301] *Mercosul e Função Judicial: Realidade e Superação*. São Paulo: LTr, 1997, p. 172.

[302] A expressão significa o direito de ter acesso a um juiz.

[303] Luiz Fernando Franceschini da Rosa. *Op. cit.*, p. 172.

Cooperação Jurisdicional

4. O reenvio prejudicial no Mercosul: alguns obstáculos

4.1. ANÁLISE DE ALGUNS FATORES

4.1.1. A Realidade do Mercosul: sistema supranacional ou intergovernamental?

O Mercosul - Mercado Comum do Sul - foi criado em 26 de março de 1991 por tratado internacional, firmado na cidade de Assunção e denominado Tratado de Assunção como conseqüência da vontade política da Argentina, Brasil, Paraguai e Uruguai de instituir nesta região do globo, paulatinamente, um mercado comum, para satisfazer interesses, especialmente de ordem econômica.[304]

O Mercosul é dotado de personalidade jurídica de direito internacional público e sua estrutura institucional é intergovernamental, assim estabelecido nos artigos 34 e 2º do Protocolo de Ouro Preto, firmado na cidade do mesmo nome em 17 de dezembro de 1994, que teve por finalidade adicionar disposições quanto à estrutura institucional do Mercosul ao Tratado de Assunção.

O traço distintivo, portanto, do Mercosul para a União Européia, já que até a presente fase desta obra, trabalhou-se com instituto jurídico-processual do Direito Comunitário europeu, é que no primeiro, suas instituições jurídicas são intergovernamentais. Na

---

[304] Este Tratado foi aprovado no Brasil pelo Decreto Legislativo nº 197, de 25 de setembro de 1991, e foi publicado no Diário Oficial da União de 26 de setembro de 1991 e promulgado através do Decreto nº 350 publicado no Diário Oficial de 22 de novembro de 1991. *In: Mercosul Acordos e Protocolos na área jurídica.* Porto Alegre: Livraria do Advogado, 1996. 158 p.

Cooperação Jurisdicional

segunda, suas instituições são supranacionais. O traço em comum é que consistem em dois processos integracionistas entre Estados.

A definição destas duas estruturas institucionais é importante para a abordagem do próximo tópico.

Em processo integracionista de natureza supranacional, nos moldes do que ocorre na União Européia, o interesse comunitário sobrepõe-se ao interesse individual e restrito dos Estados-Membros. As instituições comunitárias são autônomas e independentes relativamente àqueles, e as normas comunitárias são dotadas de aplicabilidade imediata e primazia frente aos ordenamentos jurídicos nacionais. Ami Barav, ao fazer alusão à União Européia, preleciona que nos sistemas supranacionais há uma irrevogável transferência de poderes soberanos provenientes dos Estados-Membros.[305]

Em se tratando de processos integracionistas onde o caráter da estrutura institucional é intergovernamental, a realidade é diversa: o interesse predominante é o resultado da vontade individual de cada Estado-Membro, não há uma estrutura institucional independente destes, e as normas jurídicas devem ser submetidas aos processos de internalização previstos nos textos legislativos de cada País, em geral, suas Constituições Federais. Não se fala em aplicabilidade imediata das normas emanadas das instituições e tampouco em primazia frente aos ordenamentos jurídicos nacionais.[306]

Deisy Ventura ressalta que "a diferença básica a ser estabelecida entre organismos intergovernamentais e supranacionais é precisamente a detecção do interesse predominante".[307] Nos primeiros, refere a autora, prevalecem interesses individuais que necessitam ser harmonizados. No segundo, a prevalência é do interesse coletivo, com órgãos decisórios próprios.

Odete Maria de Oliveira, ao fazer análise da supranacionalidade, refere que a mesma se encontra envolvida em torno de um conceito de natureza dinâmica e contornos difusos, porque cada autor tende a apresentar sua própria visão supranacional.[308] Subli-

---

[305] "Transcending the nation-State, the European Community was founded upon an irrevocable transfer us sovereign powers from and by the states increasingly wider fields". "The reception of community law by the national legal systems". *Cadernos de Direito Constitucional e Ciência Política*. n. 20, p. 7-18.

[306] Ver Deisy de Freitas Lima Ventura, *A ordem jurídica comunitária*. Porto Alegre: Livraria do Advogado, 1996. 167 p.

[307] *Op. cit.*, p. 29.

[308] *União Européia Processos de Integração e Mutação*. Curitiba: Juruá Editora, 1999, p. 69.

nha, no entanto, que todos, de um modo ou de outro, vinculam à noção de supranacionalidade três elementos:

1) a independência das instituições comunitárias frente aos Estados-Membros;

2) a existência de relações diretas entre as instituições comunitárias e os particulares;

3) e a transferência de competência dos Estados em favor da unidade supranacional.[309]

Não é demasiado dizer, então, utilizando-se de outras palavras, que a supranacionalidade faz-se presente quando simultaneamente encontram-se reunidos três elementos:

a) presença de interesses comuns entre os Estados;

b) institucionalização colocada a serviço de interesses comuns;

c) autonomia destes poderes em relação aos Estados-Membros.[310]

Todavia, a simples referência à autonomia dos órgãos institucionais inerentes a determinado processo integracionista, toca diretamente na questão ligada à soberania estatal. A redefinição da noção e do papel da soberania foi imperiosa depois que os Estados passaram a fazer parte de organismos de natureza supranacional como é o caso da União Européia.[311]

Para Dromi-Ekmekdjian e Rivera os processos de integração regional não são incompatíveis com a soberania nacional, pois, referindo-se a Jean Bodin sublinham:

"La potestad perpetua de la República, como decia Jean Bodin, no será menos absoluta porque la energía del poder soberano se extiende por integración en sentido horizontal, aunque por internalización en sentido vertical.[312]

---

[309] *Ibidem*.

[310] Pierre Pescatore fez esta referência em 1972, Le droit de l'intégracion. Emergence d'um phénomène nouveau dans les relations internationales selon l'expérience des Communautés Européenes. *Le droit de l'intégration*. Genebra: Sijthoff-leiden, 1972.

[311] Veja-se sobre o tema José Luiz Bolzan de Morais, As crises do Estado contemporâneo, *América latina, Cidadania e desenvolvimento, Série Integração Latino-americana*. Porto Alegre: Livraria do Advogado, 1996, p. 37-50. Também do mesmo autor: *Do direito social aos interesses transindividuais: O Estado e o direito na ordem contemporânea*. Porto Alegre: Livraria do Advogado, 1996. 247 p.

[312] *Op. cit.*, p. 40. A expressão significa que: O poder perpétuo da República, como dizia Jean Bodin, não será menos absoluto porque o a energia do poder soberano se estende por integração no sentido vertical e por internacionalização em sentido horizontal.

Cooperação Jurisdicional

Respeitando-se as abordagens particulares de cada autor que trata da matéria, é mais ou menos certa a coincidência no pensamento da maioria de que a presença da supranacionalidade implica o exercício de uma soberania dividida, compartilhada, entre os Estados-Membros e o ente supranacional. Os Estados-Membros, ao transferirem parcela de seus poderes ao organismo supranacional, dividem o exercício do poder soberano.[313]

Na verdade, muito mais importa para admitir-se o "compartilhamento" da soberania com órgãos de natureza supranacional, as escolhas políticas que um Estado faz do que o próprio conceito que se possa a ela atribuir. Mostra disso é que, no Mercosul, a doutrina dos quatro países trata de maneira mais ou menos igual o que se entende por soberania.[314] Curiosamente, disso não decorre logicamente o mesmo entendimento e aceitação da supranacionalidade. Basta que se observem as disposições constitucionais dos quatro países.

A Constituição da República Argentina reconhece a existência de uma ordem supranacional.[315] A Constituição da República do Paraguai[316] dispõe de forma semelhante, restando que apenas o

---

[313] Extensa seria a lista de autores que tratam do tema, citam-se os seguintes: Luiz Olavo Baptista. As soluções e divergências no Mercosul. *Mercosul – seus efeitos jurídicos. Op. Cit.*, p. 157-186. O autor refere ao exercício da soberania 'compartilhada'. Martha Lucia Olivar Jimenes, *Op. cit.*, p. 34, refere sobre a "aceitação do exercício conjunto da soberania". Ricardo Seitenfus, *Op. cit.*, p. 115, refere a "limitação de competências ou de uma transferência de atribuições dos Estados".

[314] Ver Deisy Ventura, *Op. cit.*, p. 101, especialmente capítulo 3.

[315] A previsão encontra-se no artigo 75, alíneas 22 e 24, que diz: "Art. 75-Corresponde al Congresso: (...) 22 – Aprobar o desechar tratados concluidos con las demás naciones y con las organizaciones internacionales y los concordatos con la Santa Sede. Los tratados y concordatos tienen jerarquía superior a las leyes. (...) 24 –Aprobar tratados de integración que deleguen competencias y jurisdicción a organizaciones supraestatales en condiciones de reciprocidad e igualdad, y que respeten el orden democrático y los derechos humanos. Las normas dictadas en su consecuencia tienen jerarquía superior a las leyes". *In: Constituición de la Nación Argentina.* Buenos Aires: Astrea, 1994.

[316] É no artigo 145 que se encontra a previsão da aceitação de uma ordem supranacional: "DEL ORDEN JURIDICO NACIONAL La República del Paraguay, en condiciones de igualdad con otros Estados, admite un orden jurídico supranacional que garantice la vigencia de los derechos humanos, de la paz, de la justicia, de la cooperación y del desarrollo, en lo político, económico, social y cultural. Dichas decisiones sólo podrán adoptarse por mayoría absoluta de cada Cámara del Congreso". *In: Constituicion Nacional Republica del Paraguay.* Asuncion: Edição Oficial, 1992.

Brasil[317] e Uruguai[318] limitam a implantação do modelo supranacional para o Mercosul.

Por outro lado, no tocante à intergovernabilidade, os Estados preservam suas autonomia na sua inteireza. Mantêm a mesma liberdade de ação e decisão que aquela mantida antes de ingressar no organismo internacional. Prevalecem as suas vontades individuais e apenas buscam harmonizá-las. Não se fala em exercício partilhado da soberania entre os Estados-Membros e a entidade intergovernamental.

Adroaldo Furtado Fabrício refere que na intergovernabilidade cada um dos contratantes mantém-se imune a qualquer ingerência à sua autonomia individual e essencialmente governamentais são os seus instrumentos constitutivos e seus órgãos diretores.[319]

Assim, ao contrário da organização supranacional, cujos órgãos caracterizam-se por serem autônomos e desvinculados dos Estados-Membros e, ainda, têm poder de ditar suas próprias normas, com aplicação imediata e superiores hierarquicamente às internas de cada Estado, quando a organização que não se desvincula da vontade dos Estados e cujas normas não são obrigatórias para estes nem superiores, não pode ser supranacional.[320] No máximo, o que existe é uma organização intergovernamental.

---

[317] A Constituição da República Federativa do Brasil estabelece regras sobre as relações internacionais do Brasil no Artigo 4º e no parágrafo único é inconteste a posição brasileira em não "compartilhar" a soberania, já que o silêncio sobre a adoção de um modelo supranacional é inconteste: "Art. 4º - A República Federativa do Brasil rege-se nas suas relações internacionais pelos seguintes princípios: (...) Parágrafo único: A República Federativa do Brasil buscará a integração econômica, política, social e cultural dos povos da América Latina, visando a formação de uma comunidade Latino-Americana de nações".

[318] A Constituição da República Oriental do Uruguai no Capítulo VI, Art. 6º, similarmente a do Brasil estabelece: "Artículo 6º - Em los tratados internacionales que celebre la República propondrá la cláusula de que todas las diferencias que surjan entre las partes contratantes, serán decididas por el arbitraje u otros médios pacíficos. La República procurará la integración social y económica de los Estados Latinoamericanos, especialmente en lo que se refiere a la defensa común de sus productos y materias primas. Asimismo, propenderá a la efectiva complementación de sus servicios públicos". *In: Constitucion de la Republica Oriental del Uruguay*. Montevideo.

[319] *Op. cit.*, p. 20.

[320] Este é o pensamento exposto por Peres Ortermin, "Principios esenciales de un ordenamiento jurídico comunitário". *BILA-Boletim de Integração latino-Americana*. Brasília: MRE, n. 8, p. 1-7, jan/mar.1993.

Cooperação Jurisdicional

Parte da doutrina brasileira mostra-se favorável à incorporação da supranacionalidade no Mercosul, ainda que o Protocolo de Ouro Preto tenha estabelecido a estrutura institucional definitiva de natureza intergovernamental. Outros defendem a manutenção da estrutura intergovernamental,[321] e outros admitem a evolução para a supranacionalidade,[322] mas reconhecem que o estágio atual recomenda a permanência da intergovernabilidade.

Enfim, a tomada de posição em favor ou não da incorporação da supranacionalidade na estrutura institucional do Mercosul é que vai sublinhar a necessidade de que seja criado um Tribunal supranacional nesta sub-região da América Latina. Mas no que diz respeito à adoção do reenvio prejudicial, a criação de tal Tribunal faz-se indispensável?

É do que trata o item seguinte.

4.1.2. Tribunal supranacional no Mercosul: *conditio sine qua non*?

A falta de um Tribunal supranacional no Mercosul seria condição *sine qua non* para a adoção do mecanismo processual do reenvio prejudicial? De que maneira e por quem seriam resolvidas as dúvidas de interpretação e de apreciação de validade das normas comuns?

Na medida em que o propósito deste trabalho é a apresentação da figura processual do reenvio prejudicial do direito processual comunitário europeu, e considerando que o seu aprimoramento não

---

[321] Ver as idéias defendidas por Luiz Olavo Baptista, Solução de divergências no Mercosul. *Mercosul: seus efeitos jurídicos. Op. cit.*, especialmente p. 178. Em artigo intitulado Sistemas para solução de divergência nas instituições de integração e o Mercosul, *Solução e Prevenção de litígios internacionais*, Porto Alegre: Livraria do Advogado, 1999. 552 p., Luiz Olavo Baptista, não sem críticas, reconhece a possibilidade de evolução constante no Mercosul, mas não explicita se é em direção à adoção de estruturas supranacionais.

[322] Elizabeth Acciolly Pinto de Almeida. *Mercosul e União Européia.* Curitiba: Juruá Editora, 1996, p. 121. A autora, curiosamente defende a intergovernabilidade, mas, em contrapartida, afirma que a atual estrutura do Mercosul não será capaz de realizar a integração. Antônio Paulo Cachapuz de Medeiros. *Op. cit.*, p. 176; Paulo Roberto de Almeida, dilemas da soberania no Mercosul: Supranacional ou Intergovernamental?, *A soberania. In:* Anuário de Direito e Globalização, Rio de Janeiro: Renovar, 1999, p. 256. Aqui o autor reconhece que a renúncia parcial e crescente à soberania por parte dos Estados-Membros acrescentaria "valor" ao edifício integracionista.

teria ocorrido não fosse o diálogo permanente travado pelos juízes nacionais com o Tribunal de Justiça, é importante esclarecer que os europeus, desde o início do seu processo integracionista, tiveram de aceitar, não sem resistências por parte de algumas jurisdições nacionais, a presença de um Tribunal supranacional.[323]

O crucial papel do Tribunal de Justiça, como afirmou Inge Govaere, não foi preconcebido pelos autores dos Tratados constitutivos da Comunidade Européia, mas decorreu de um gradual desenvolvimento em resposta aos específicos problemas do processo integracionista europeu.[324] Mas a realidade é que os europeus, desde o início, conviveram e passaram a aceitar as decisões do Tribunal.

Esta não é a realidade do Mercosul. O Tratado de Assunção não contempla um Tribunal supranacional como órgão institucional do Mercosul para solução de controvérsias e não contém nenhuma regra sobre sua possível criação.[325] O Protocolo de Ouro Preto, que ampliou a estrutura institucional do Mercosul, não estabeleceu a criação de um Tribunal supranacional para solver as contendas oriundas da aplicação das regras dos Tratado constitutivo e seus Protocolos[326] e sequer do direito derivado.[327, 328]

---

[323] Veja-se, mais uma vez, Martha Lucia Olivar Jimenes. *Op. cit.* Sobre a problemática européia relativa à aceitação não só de um Tribunal supranacional, mas do próprio direito comunitário. Fausto de Quadros destaca o posicionamento de vários países europeus, alguns membros da Comunidade outros não. *Op. cit.*, p. 33-82.

[324] Tribunais Supranacionais e aplicação do direito comunitário: aspectos positivos e negativos. *Direito Comunitário do Mercosul*. Porto Alegre: Livraria do Advogado, 1997, p. 160, organizado por Deisy Ventura. A autora refere: *"The crucial role of the European Court of Justice and is case law not as much preconceived as it was gradually developed in reponse to specific problems that arose in the course of the European integration process."*

[325] O Tratado de Assunção no artigo 9 estabeleceu como órgãos institucionais o seguinte: a)Conselho do Mercado Comum; b) Grupo Mercado Comum.

[326] O artigo 1 do protocolo de Ouro Preto modificou a estrutura institucional prevista no Tratado de Assunção para: I) Conselho do Mercado Comum (CMC); II) Grupo do Mercado Comum (GMC); III) Comissão de Comércio do Mercosul (CCM); IV) Comissão Parlamentar Conjunta (CPC); V) Foro Consultivo Econômico-Social (FCES); VI) Secretaria Administrativa do Mercosul (SAM)

[327] Orlando Celso da Silva Neto faz interessante abordagem sobre a noção do que seja direito derivado e, para tanto, cita Dal Pozo: "deve-se entender por direito derivado todo o conjunto de atos jurídico-normativos emanados dos distintos órgãos institucionais da Comunidade Européia que têm competência para emití-los com base nos Tratados....". *In:* A aplicação do Direito Derivado do Mercosul pelo juiz nacional, *Solução e Prevenção de Litígios. Op. cit.*, p. 513. No caso do Mercosul, o direito derivado, de acordo com o Procolo de Ouro Preto (Art. 41),

---

Cooperação Jurisdicional

O artigo 43 do Protocolo de Ouro Preto[329] remete a solução de controvérsias que surgirem entre os Estados-partes ao sistema previsto no Protocolo de Brasília.[330] Neste, a solução jurisdicional das controvérsias entre os Estados-membros, entre estes e os particulares através de um Tribunal supranacional, também está ausente.[331] Da mesma forma, nenhuma referência há sobre o sistema de solução de controvérsias entre particulares em decorrência da aplicação das normas comuns do Mercosul.

Este *status quo*, claramente encontra justificativa na opção feita pelos mentores do Tratado de Assunção e no Protocolo de Ouro Preto, pela organização intitucional do Mercosul baseada na intergovernabilidade.

---

consiste: a) decisões do Conselho do Mercado Comum (art. 9); b) Resoluções do Grupo mercado comum (Art. 15); c) Diretrizes ou propostas da Comissão de Comércio Mercosul (Art. 20).

[328] A obra conjunta de Nádia de Araújo, Frederico V. Magalhães Marques e Márcio Monteiro Reis, *Código do Mercosul*. Rio de Janeiro: Renovar, 1998. 513 p., põe o leitor em contato com grande parte da legislação do Mercosul, seja de direito originário quanto derivado. No *site* da SAM-Secretaria Administrativa do Mercosul obtém-se toda a legislação do Mercosul. Ver: http://www.mercosur.org.uy/snor.

[329] O artigo 43 enuncia: "As controvérsias que surgirem entre Estados Partes sobre a interpretação, a aplicação ou o não cumprimento das disposições contidas no tratado de assunção dos acordos celebrados no âmbito do mesmo, bem como das Decisões do Conselho do Mercado Comum, das resoluções do grupo Mercado Comum e das Diretrizes da Comissão de Comércio do Mercosul serão submetidas aos procedimentos de solução estabelecidos no Protocolo de Brasília, de 17 de dezembro de 1991".

[330] Assinado em Brasília m 17 de dezembro de 1991 e aprovado pelo Brasil no Decreto Legislativo nº 88 (DOU 2/12/92) e promulgado pelo Decreto 922 (DOU de 13/9/93). *In: Mercosul: Acordos e Protocolos na áerea jurídica. Série Integração Latino-Americana.* Porto Alegre: Livraria do Advogado, MILA e Ministério da Justiça, 1996. 153 p.

[331] Dois são os regimes de solução de controvérsias previstos no Protocolo de Brasília. Primeiro, se o litígio envolver os Estados-Partes (esta é a linguagem dos autores do Tratado de Assunção e do Protocolo) as fases a seguir, sucintamente são estas e estão previstas nos artigos 2º a 24: a) negociações diretas mediante informação ao GMC-Grupo Mercado Comum; b) sem sucesso as negociações diretas ou obtendo-se sucesso parcial, a questão poderá ser submetida ao GMC, que formulará recomendações; c) sem solução a controvérsia, recorre-se à arbitragem, mediante a constituição de um Tribunal *ad hoc*. Segundo, se envolver reclamação de particulares (pessoas físicas e jurídicas) contra qualquer Estado-Parte ou contra decisões do Conselho do Mercado Comum, o procedimento, sumariamente, é o seguinte e está previsto nos artigos 25 a 32: a) apresentam reclamação perante a Seção Nacional do Grupo Mercado Comum do seu país; b) não solucionada na Seção nacional poderá ser encaminhada ao GMC; c) O GMC, não denegando a reclamação, convoca peritos para dar a decisão.

De todo o modo, a ausência da previsão de um Tribunal supranacional para o Mercosul tem sido alvo de avaliações por parte de juristas dos Estados-membros, matéria que tem despertado contrariedades e aceitações por parte de doutrinadores e juristas e não encontra, pois, terreno seguro.

Com efeito, os juristas dividem-se, e os argumentos pró e contra, decorrem da posição adotada em favor da adoção da supranacionalidade ou da intergovernabilidade.

Esta dicotomia pôde muito bem ser constatada por ocasião da realização do Congresso Internacional de Direito Comunitário realizado na cidade de Ouro Preto-MG, no qual manifestaram-se, pelo Brasil, o então Ministro da Justiça, Dr. Nelson Jobim e o Ministro do Supremo Tribunal Federal Sydney Sanches. O primeiro, contrário à adoção de um Tribunal supranacional, enquanto não editadas leis comuns entre os integrantes do Mercosul.[332] O segundo, ainda que de forma reticente, manifestou-se favoravelmente, pois para ele as normas comuns do Mercosul devem ser julgadas por uma Corte de Justiça supranacional capaz de fazer prevalecer o direito comunitário.[333]

Na mesma oportunidade, porém, o Presidente da Corte Suprema da Argentina manifestou-se francamente favorável à criação de um Tribunal Supranacional.[334]

A doutrina também não navega em águas tranqüilas. Parte dela toma como paradigma o Tribunal de Justiça da Comunidade Européia e assevera que não é possível implementar o processo integracionista do Mercosul, sem a existência de um órgão jurisdicional supranacional. Antipatizam a idéia da arbitragem *ad hoc* como fórum competente para resolver conflitos individuais, já que é mecanismo de solução de conflitos, mais utilizado nas controvérsias entre países e não para solver conflitos que envolvam particulares.[335]

Cachapuz de Medeiros, após fazer ampla análise do tema, sublinha que a criação de um Tribunal supranacional no Mercosul

---

[332] Jornal Zero Hora, 19 de setembro de 1996, p. 8. A análise desta manifestações também foi feita por José Raul Torres Kirmer. Sistema de solución de controversias en el ámbito del Mercosur. *Ajuris Edição especial*. p. 55-84. Nov. de 1998.

[333] Jornal Estado de Minas, 22 de setembro de 1996, p. 14.

[334] Jornal Zero Hora. *Op. cit.*

[335] A manifestação foi feita também por ocasião do Congresso Internacional de Direito Comunitário realizado em Ouro Preto, por dois juristas membros do JURISUL, entidade civil, sem fins lucrativos, Enrique Lewandowski e Luiz Sabato, *Revista de negócios*, n. 51.

enseja a jurisdicização do jogo político e diplomático e contribuiria para manter o equilíbrio institucional, exigindo de todos integral respeito às normas comunitárias.[336] Para o autor, a aspiração de que um simples mercado comum seja convertido em um ordenamento jurídico comunitário torna-se de difícil concretização sem um Tribunal supranacional que garanta a legalidade e a interpretação uniforme. Finaliza, afirmando que é difícil apontar pontos contrários à existência de um Tribunal supranacional, porém, enfraquece sua posição anterior ao apontar que no caso particular do Mercosul, o quadro de soluções de controvérsias se mostra adequado, pois o Mercosul não possui instituições supranacionais, mostra claro caráter intergovernamental e não produz normas de Direito Comunitário.

Ligia Maura Costa toca a questão do confronto supranacionalidade/intergovernabilidade e mostra-se favorável à criação do Tribunal supranacional, mas preconiza que tal necessidade dependerá das escolhas dos Estados-Membros envolvidos em criarem regras às quais estão subordinados todos eles e são superiores às suas normas internas ou não. Se a supranacionalidade prevalecer, afirma que a criação de um Tribunal é conseqüência natural de sua existência.[337]

Ricardo Lewandowski[338] destaca o reenvio prejudicial como instituto original do Direito Comunitário europeu e sublinha a importância da discussão a respeito da criação de um Tribunal supranacional para o Mercosul, mas observa a necessária modificação que terá de haver nas Constituições Federais do Brasil e do Uruguai a fim de que confiram às normas emanadas dos tratados internacionais hierarquia superior às leis internas.

O Prof. Leonardo Greco, observando que no Mercosul é necessário que haja um controle supranacional sobre competências e sobre lei aplicável, refere a necessidade da interpretação uniforme das normas dentro do espaço dos países em integração, aduzindo que é favorável à criação de um "órgão" para realizar tal tarefa. Todavia, apesar de admitir que o modelo do Tribunal de Justiça da Comunidade Européia seria o ideal a ser seguido, sugere a criação de um tribunal de conflitos.[339]

---

[336] *Op. cit.*, p. 175.

[337] *Op. cit.*, p. 187. A autora também defende a idéia em outro artigo: "Tribunal supranacional para o Mercosul. *Temas del MERCOSUR*". Instituto de Economia y Organización. Fundação Andina. n. 3., 1997, p. 62-64.

[338] "Os desafios do juiz no Mercosul". *Revista Estudos Judiciários*. Ribeirão Preto, Ano 1, n.1, p. 31-33.

[339] *Op. cit.*, p. 191.

No pensamento de juristas argentinos, a criação de um Tribunal supranacional implicaria neutralizar as difundidas tendências juridiscistas de quem crê no direito pelo direito e, mais além, o processo de integração no Mercosul ganharia um afiançamento e implicaria um salto qualitativo que se manifestaria de maneira inequívoca e irreversível.[340]

Não é possível olvidar, entretanto, que doutrinadores da estirpe de Luiz Olavo Baptista são francamente favoráveis à manutenção do atual sistema de solução de controvérsias do Mercosul, calcado na arbitragem, o qual afirma:

"A manutenção do atual sistema de solução de divergências apresenta em seu favor o melhor dos argumentos: a funcionalidade do sistema, que até agora tem apresentado bens resultados, não tendo ocorrido queixas fundadas a respeito".[341]

Seria demasiado elencar o pensamento de todos os doutrinadores favoráveis ou não à instalação de um Tribunal com competência supranacional no Mercosul,[342] mas vale lembrar a correção do pensamento de Deisy Ventura para quem é necessário um organismo jurisdicional para o Mercosul, sendo que para isso é preciso "o desenvolvimento de um calendário a médio e longo prazo, para a adoção de graus de supranacionalidade".[343]

Assim, é inegável que a adoção da supranacionalidade na estrutura institucional do Mercosul depende muito mais da vontade política dos Estados-Membros em exercer a soberania de forma compartilhada e o avanço da fase da mera união aduaneira para a do mercado comum, do que da prevalência de uma ou outra tese

---

[340] Rodolfo Luiz Vigo."Razones éticas para la creación del tribunal del Mercosur". *Ajuris. Op. cit.*, p. 94-102, especialmente p. 101.

[341] Solução de divergências no Mercosul. *Op. cit.*, p. 178. Em artigo publicado, o autor também refere: "(...) cada sistema foi criado para uma circunstância específica. No caso do Mercosul, o pragmatismo de suas instituições auspicia uma evolução constante, que permitirá adaptar-se às novas realidades. Sou francamente favorável a este tipo de procedimento que me parece mais fundado na realidade mais inclinado a facilitar do que a impedir o desenvolvimento de relações harmônicas entre os sócios. "Aspectos teóricos del sistema de solución de controvérsias en las instituciones de integración, con referencia al Mercosul". *Temas del Mercosur. Op. cit.*, p. 45.

[342] Porém, defendem a idéia, por exemplo, além dos citados, os que seguem: José Raul Torres Kirmser. Sistema de solución de controversias en el ámbito del Mercosul. *Ajuris edição especial*. Porto Alegre, nov. 1998, p. 55-84; Werter R. Faria, Por um Tribunal de Justiça no Mercosul. *Ibid*, p. 85-93.

[343] *Op. cit.*, p. 126.

Cooperação Jurisdicional

doutrinária, ainda que de reconhecida importância e influência. O Brasil, pelo menos até o momento, tem dado demonstrações da sua franca adesão ao sistema institucional intergovernamental.

De todo o modo, dicotomias à parte, o certo é que já existe um corpo normativo de regras jurídicas no Mercosul muitas delas já internalizadas pelos Estados-Membros, outras não.[344] Da aplicabilidade de tal corpo normativo que naturalmente estabelece direitos e obrigações, a conseqüência normal é o surgimento de conflitos seja entre os Estados-Membros, entre estes e os particulares e destes entre si.

Se para os ardorosos defensores da intergovernabilidade e do atual sistema de solução de controvérsisas,[345] este é considerado satisfatório para resolver os litígios entre os Estados-Membros ou entre estes e os particulares[346] o mesmo não se pode afirmar dos litígios entre particulares que invoquem aplicabilidade ou interpretação das normas do Mercosul. Neste caso, aqui, como na Europa, nas controvérsias surgidas entre particulares, pessoas físicas e jurídicas, os aplicadores natos do direito oriundo das normas comuns do Mercosul são os juízes nacionais.

Na dúvida a respeito da interpretação ou validade das normas comuns, sejam as previstas no Tratado de Assunção ou em seus Protocolos, ou seja, nas normas comuns deles derivadas, quem dará a resposta ao juiz nacional? Terá ele a quem remeter a matéria para apreciação e que lhe dê uma decisão? Haveria alguma figura jurídica similar ao reenvio prejudicial europeu?

Se o caminho do Mercosul, para a maioria dos estudiosos do assunto, é criar instituições de caráter supranacional, a inexistência de um Tribunal supranacional, pelo menos neste estágio da evolução mercosulina, dificulta não a adoção do reenvio prejudicial enquanto mecanismo processual, mas sim a sua eficácia em busca da uniformidade e validade das normas comuns já existentes nesta área geográfica.

---

[344] Armando Alvares Garcia Júnior realizou importante apanhado das normas jurídicas do Mercosul internalizadas e não internalizadas pelo Brasil até 1997. Naquela época, o rol já era extenso, in *Conflito entre normas do Mercosul e Direito Interno*. São Paulo: LTr, 1997, p. 223-231.

[345] Ver Luiz Olavo Baptista, *Mercosul, seus efeitos jurídicos. Op. cit.*, p. 157-186.

[346] Guido F. S. Soares, analisando a questão, sublinha que o sistema de solução de controvérsias no Mercosul continua com um mecanismo que só fornece soluções aos Estados-Membros e quando as controvérsias são provocadas por particulares contra qualquer estado-membro, estes ficam sujeitos ao preenchimento de requisitos para que "seu" Estado lhe assuma os direitos. *Op. cit.*, p. 135-137.

Possibilidade de adotá-lo há. O problema reside em quem dará a última palavra, sem que se corra o risco das influências do sistema jurídico interno de cada Estado-Membro em prejuízo da construção comunitária.

Para tanto, no caso brasileiro é preciso analisar o que dizem a Constituição Federal e o Código de Processo Civil e se há necessidade de modificá-los para que o reenvio prejudicial seja acolhido. É o que se verá a seguir.

4.1.3. Direito Constitucional e infraconstitucional brasileiro: é preciso mudar?

Ainda que as questões de natureza prejudicial estejam previstas no sistema processual brasileiro, conforme foi demonstrado acima, e ainda que por vezes seja necessário ou apenas facultativo, aos juízes nacionais aguardarem respostas de outros juízos, não faz parte da cultura jurídica processual cotidiana que um julgador pergunte a outro qual é a melhor ou a maneira correta de interpretar uma norma ou de apreciar a sua validade.

No Brasil, a não ser nos casos em que órgãos fracionários dos Tribunais[347] submetem antes do julgamento de recursos ou ações originárias de sua competência,[348] ao Órgão Especial destes, pronunciamento sobre a interpretação do direito, a fim de uniformizar a jurisprudência[349] e nos casos em que for necessário os mesmos órgãos fracionários submeterem ao órgão especial a apreciação de argüição de inconstitucionalidade de lei,[350] não se conhece de consulta entre juízes.

---

[347] Ver nota 55.

[348] José Carlos Barbosa Moreira revela que o incidente de uniformização pode ocorrer também no âmago de ações originárias. *Comentários ao Código de Processo Civil*. 6. ed. v. 5, Rio de Janeiro: Forense, 1993, p. 9.

[349] O artigo 476 do Código de Processo Civil prevê:"Compete a qualquer juiz ao dar o voto na turma, câmara ou grupo de câmaras, solicitar o pronunciamento prévio do tribunal acerca da interpretação do direito quando: I - verificar que a seu respeito ocorre divergência; II - no julgamento recorrido a interpretação for diversa da que lhe haja dado outra turma, câmara ou grupo de câmaras ou câmaras cíveis reunidas".

[350] A hipótese está prevista no artigo 480 do CPC que diz: "Art. 480-Argüida a inconstitucionalidade de lei ou de ato normativo do poder público, o relator, ouvido o Ministério Público, submeterá a questão à turma ou câmara, a que tocar o conhecimento do processo; Art. 481- Se a alegação for rejeitada, prosseguirá o julgamento; se for acolhida, será lavrado o acórdão, a fim de ser submetida a questão ao Tribunal pleno".

A prática da uniformização da jurisprudência merece algumas considerações:

a) não é um recurso, mas sim, nos moldes do reenvio prejudicial, um incidente processual;

b) ocorre no julgamento de Câmara, Turma ou Grupo de Câmaras dos Tribunais;

c) quem dá a resposta é o órgão especial do "mesmo" Tribunal.

Nítida é a exclusão dos juízes das instâncias inferiores de jurisdição, que não possuem competência para suscitar o incidente de uniformização de jurisprudência e, assim, não estabelecem qualquer tipo de diálogo com as instâncias superiores de jurisdição.

De outro modo, o incidente de declaração de inconstitucionalidade segue praticamente o mesmo ritual:

a) é um incidente processual;

b) é questão prejudicial ao julgamento de recurso, pois argüida a inconstitucionalidade de lei ou ato normativo do poder público o órgão fracionário do Tribunal deve acolhê-la ou não;

c) acolhendo, encaminha a argüição de inconstitucionalidade ao órgão pleno ou especial, cabendo a este decidir;

d) quem dá a resposta é o órgão especial do mesmo Tribunal.[351]

Assim, a possibilidade da acolhida do reenvio prejudicial como mecanismo processual destinado a oportunizar a interpretação uniforme e a apreciação da validade das normas do Mercosul pode ter solução a partir de uma dupla abordagem.

Primeiramente, se a sua adoção for vinculada à existência de um Tribunal supranacional, a quem os juízes nacionais de cada País, nos moldes do sistema europeu devem dirigir suas consultas, é preciso, realmente, que a estrutura institucional do Mercosul avance da intergovernabilidade para a supranacionalidade.

Neste caso, a primeira tarefa é alterar o artigo 2º do Protocolo de Ouro Preto que estabeleceu de forma definitiva a estrutura institucional da intergovernabilidade.

Não só isso. É preciso que Brasil modifique o Parágrafo Único do Artigo 4º da Constituição Federal, nos moldes do que já o fizeram a Argentina e o Paraguai, para alterar a forma de recepção dos Tratados e normas internacionais, a fim de afastar os atuais processos de internalização e, com isso oportunizar a aplicabilidade imediata e a primazia das normas oriundas do Mercosul e reconhe-

---

[351] Ver nota 55.

cer, bem como aceitar, uma ordem supranacional.[352] O teor do dispositivo legal citado é o seguinte:

"Art. 4º - A República Federativa do Brasil rege-se nas suas relações internacionais pelos seguintes princípios:
Párágrafo único - A República Federativa do Brasil buscará a integração econômica, política, social e cultural dos povos da América Latina, visando à formação de uma comunidade latino-americana de nações".

O conteúdo do dispositivo constitucional acima citado ensejou debates na doutrina brasileira. Por um lado, houve aqueles que extraíram do mesmo interpretação no sentido de que o Brasil admitia a possibilidade da integração, de que fala o parágrafo único, em organismos internacionais.[353] Por outro lado, Pedro Dallari[354] entendeu que o referido dispositivo não poderia ser interpretado de forma que pudesse entender-se que o Brasil admitia a transferência de soberania para órgãos de caráter supranacional.

A tentativa concreta de alterar-se o teor do parágrafo único do artigo 4º da Constituição Federal ocorreu com a proposta de revisão constitucional (PRE) nº 001079-1 de autoria do então Deputado Adroaldo Streck (PSDB/RS) para o seguinte:

1º - As normas de direito internacional são parte integrante do direito brasileiro.

2º - A integração econômica, política, social e cultural, visando à formação de uma comunidade latino-americana de nações, consti- tui objetivo prioritário da República Federativa do Brasil.

3º - Desde que expressamente estabelecido nos respectivos Tratados, as normas emenadas dos órgãos competentes das organi- zações internacionais, de que o Brasil seja parte, vigoram na ordem interna brasileira.[355]

No entanto, segundo sublinha Deisy Ventura, a referida pro- posta foi rejeitada em 2 de fevereiro de 1994, e a Constituição Federal brasileira continua omissa no tocante à aceitação de uma ordem supranacional.[356]

---

[352] E da mesma forma deverá proceder o Uruguai.

[353] Celso Ribeiro Bastos e Ives Gandra Martins. *Comentários à Constituição do Brasil*. v.1. São Paulo: Saraiva, 1988, p. 464. *Apud* Deisy Ventura. *A ordem jurídica do Mercosul. Op. cit.*, p. 62.

[354] *Constituição e Relações Exteriores*. São Paulo: Editora Saraiva, 1995, p. 182-185.

[355] *Op. cit.*, p. 63-64.

[356] *Op. cit.*, p. 64-65.

Cooperação Jurisdicional

Este, portanto, é um dos fatores impeditivos da adoção do reenvio prejudicial se a mesma for vinculada à prévia existência de um Tribunal supranacional.

De outro modo, ainda que não se institua um Tribunal com característica supranacional, os conflitos de interesses relativos à aplicabilidade das normas mercosulinas não deixariam de ocorrer e as dúvidas de interpretação e de apreciação de validade inevitavelmente surgirão.

Se considerar-se que os ordenamentos jurídico-processuais internos, tal como o brasileiro, já convivem, ainda que em situações restritas, com a possibilidade de buscarem e esperarem resposta a uma dada questão prejudicial perante outros órgãos jurisdicionais, não haveria dificuldade para a adoção do reenvio prejudicial. Bastaria que os Códigos de Processo dos Estados-Membros fossem modificados para acrescentar previsão de que na dúvida acerca da interpretação ou validade da norma oriunda das fontes legislativas do Mercosul, os juízes nacionais deveriam suspender o curso da relação processual e após, buscar resposta junto a um determinado órgão jurisdicional.

Mas que órgão seria esse? No caso brasileiro, poderia o Superior Tribunal de Justiça exercer tal papel?

O artigo 105, III, *a* e *c*, da Constituição Federal delega ao Superior Tribunal de Justiça competência para, através do recurso especial, julgar os seguintes casos:

"Art. 105 - Compete ao Superior Tribunal de Justiça:
(...)
III - julgar, em recurso especial, as causas decididas, em única ou última instância pelos Tribunais Regionais Federais ou pelos Tribunais dos Estados, do Distrito Federal e territórios, quando a decisão recorrida;
a) contrariar Tratado ou lei federal, ou negar-lhes vigência;
b) (...)
c) der à lei federal interpretação divergente da que lhe haja dado outro tribunal".

Ao que se vê, na estrutura jurisdicional brasileira o Superior Tribunal de Justiça figura como tribunal de sobreposição, com competência limitada à manutenção da integridade das leis infraconstitucionais e de sua interpretação uniforme.[357]

---

[357] O artigo 92 da Constituição Federal do Brasil estabelece a estrutura do Judiciário, assim: "Art. 92 – São órgãos do Poder Judiciário: I - o Supremo

Neste caso, considerando que o referido Tribunal é o guardião das leis infraconstitucionais no Brasil, seria possível aceitar-se que a Constituição Federal fosse modificada para que nele fosse inserida junto ao artigo 105, um inciso IV, que ficaria redigido da seguinte maneira:

"Art. 105 - (...)
IV - julgar os reenvios prejudiciais oriundos de qualquer Tribunal ou juízo, estes de qualquer instância para;
a) interpretar os Tratados e o direito derivado das instituições do Mercosul;
b) apreciar a validade do direito derivado das instituições do Mercosul."

No entanto, a atual estrutura do Superior Tribunal de Justiça, composto de trinta e três Ministros, todos brasileiros, segundo o teor do artigo 104 da Constituição Federal,[358] é sério componente a ser considerado nesta possibilidade de ampliação da competência do Superior Tribunal de Justiça, pelo fato de que, naturalmente, os julgadores, ao cumprir sua tarefa, depositariam nos posicionamentos a serem adotados por ocasião dos julgamentos dos reenvios prejudiciais os valores, princípios e aspirações de seu Estado e de seu direito interno, em prejuízo da busca da uniformização e apreciação de validade do conjunto legislativo procedente do Mercosul, ingredientes necessários para a evolução e consolidação de qualquer processo de integração entre países conforme já foi anotado neste trabalho.

Além disso, para assegurar-se a interpretação e aplicação uniforme das regras mercosulinas é certo que não bastaria somente ao Brasil alterar sua Constituição Federal e a competência de um dos seus Tribunais superiores. Seria preciso, outrossim, que os demais Estados-Membros do Mercosul procedessem do mesmo modo. Mas, ainda assim, não estaria garantido o sucesso e progresso da integração nesta sub-região pelo fato de que cada Estado daria

---

Tribunal Federal; II - o Superior Tribunal de Justiça; III - os Tribunais Regionais Federais e os juízes federais; IV - Os Tribunais e Juízes do Trabalho; V - os tribunais e Juízes Eleitorais; os tribunais e Juízes Militares; VII- os tribunais e Juízes dos Estados, do Distrito Federal e Territórios.

[358] Diz o artigo 104: "O Superior Tribunal de Justiça compõe-se de, no mínimo, trinta e três Ministros. Parágrafo Único - Os Ministros do Superior Tribunal de Justiça serão nomeados pelo Presidente da República, dentre brasileiros com mais de trinta e cinco anos e menos de sessenta e cinco anos, de notável saber jurídico e reputação ilibada, depois de aprovada a escolha pelo Senado federal, sendo:...".

Cooperação Jurisdicional

a "sua" interpretação da regra oriunda das instituições do Mercosul.

No entanto, ainda que fosse admitida tal solução, seria preciso estabelecer-se um modo de viabilizar o diálogo permanente entre os tribunais superiores dos quatro países com vistas a implementar a interpretação e apreciação de validade uniforme das aludidas regras, solução que se mostra de difícil alcance, porque nada garantiria que esse "diálogo" fosse permanente e que as decisões dele extraídas fossem cumpridas pelos Estados-Membros.

Neste sentido, no entanto, cabe lembrar da sugestão feita no Brasil pelo professor Leonardo Greco,[359] através da qual ele propôs que fosse criado um tribunal de conflitos no Mercosul, onde os presidentes das Cortes Supremas dos quatro Estados-Membros se reunissem, ainda que informalmente, para discutir de que forma as normas do Mercosul deveriam ser interpretadas e aplicadas uniformemente, o que não exigiria qualquer alteração nas Constituições Federais, mas sim um simples ato do Conselho Mercado Comum.

Se a idéia representa uma saída para o vácuo jurisdicional no Mercosul no tocante à existência de um órgão encarregado de garantir a uniformidade do direito oriundo das instituições do Mercosul, lembrou bem o autor que a primeira barreira seria a da Corte Suprema brasileira, cuja posição é contrária à instituição de um Tribunal para o Mercosul.

Assim, de nada adiantaria alterar o Código de Processo Civil ou ampliar a competência do Superior Tribunal de Justiça, através de modificação da Constituição Federal para que o reenvio prejudicial fosse adotado, ante o fato de as decisões judiciais dificilmente atenderiam o seu objetivo maior que é possibilitar a interpretação, e apreciação de validade e aplicação uniforme das regras mercosulinas. Seria o reenvio prejudicial, em vista disso, mais um dos tantos instrumentos de natureza processual que não teria qualquer eficácia no mundo concreto das relações da sociedade.

---

[359] *Op. cit.*, p. 196-197.

5. Considerações finais

As propostas apresentadas no item anterior evidenciam que o acolhimento do instrumento processual do reenvio prejudicial no ordenamento jurídico dos Estados-Membros não apresentaria dificuldades. Em princípio, uma simples modificação nos Códigos de Processo bastaria, até porque não é estranha aos ordenamentos jurídicos dos Estados-Membros a recepção de figuras jurídicas do Direito Comparado.[360] A dificuldade, como demonstrado, repousaria muito mais na eficácia das decisões e na sua potencialidade em realmente manter a uniformidade de aplicação das regras mercosulinas.

Porém, se é inolvidável que existe um conjunto de normas legais originárias das instituições do Mercosul, e se os Estados-Membros, se não todas, já recepcionaram boa parte delas,[361] a aplicabilidade das mesmas no território dos Estados faz-se pungente.

Na atualidade, o quadro jurídico da solução de controvérsias no âmbito do Mercosul pode ser representado da seguinte forma:

---

[360] Veja-se o caso brasileiro que nos últimos anos, trouxe do direito processual europeu por exemplo, a figura da "antecipação dos efeitos da tutela", conforme a prevê o artigo 273 do Código de Processo Civil e a figura das *astreintes*, oriundas do direito francês e aplicáceis às obrigações de fazer e não fazer, como estabelece o artigo 461 do mesmo Código.

[361] Ver a pesquisa feita por Armando Alvares Garcia Junior apontada acima.

Cooperação Jurisdicional

Quadro 2 - Quadro jurídico da solução de controvérsias no âmbito do Mercosul, na atualidade

Litígios entre Estados-Partes	• Sistema autônomo de solução de controvérsias do Mercosul, estabelecido através dos seguintes textos legais: Anexo III do Tratado de Assunção, Protocolo de Brasília, Regimento Interno do Grupo Mercado Comum[362], Anexo ao Protocolo de Ouro Preto e Regulamento do Protocolo de Brasília[363]. • Sistema de solução de controvérsias da Organização Mundial de Comércio (OMC).
Litígios entre particulares (pessoas físicas ou jurídicas)	• Sistema autônomo de solução de controvérsia do Mercosul, através do endosso da reclamação do particular por um Estado Parte, tornando-se o Estado o *dominus litis*.[364] • Acordo sobre Arbitragem Comercial Internacional do Mercosul.[365] • Jurisdições Nacionais

Como referido anteriormente, o Protocolo de Brasília estabeleceu o sistema de soluções de controvérsias autônomo para o Mercosul, fundado, especialmente nos tradicionais institutos da negociação diplomática e da arbitragem.[366]

No tocante aos litígios entre Estados, o Protocolo de Brasília prescreve, em primeiro lugar (1) negociações diretas, após; (2) intervenção do Grupo Mercado Comum, que formula recomendações não obrigatórias e, por fim; (3) procedimento arbitral.[367]

Quanto aos litígios entre os particulares e os Estados-Membros, o mesmo Protocolo preceitua, em resumo:

1) juízo de admissibilidade da reclamação por parte da Seção Nacional do Grupo Mercado Comum no próprio Estado-Membro;

2) a Seção Nacional chama a si o problema e envia reclamação para o Grupo Mercado Comum;

---

[362] Decisão CMC nº 4/91. *In:* B.I.L.A, edição especial, mar. 1993, p. 209-212.

[363] Decisão n. 17/98 do Conselho Mercado Comum, B.I.L.A, n. 23, ago./dez. 1998, p. 31-35.

[364] Tal endosso é previsto pelos artigos 25 e 26 do Protocolo de Brasília, assim como pelo artigo primeiro do Anexo ao Protocolo de Ouro Preto.

[365] Decisão 3/98 do Conselho Mercado Comum, B.I.L.A, n. 22, jun./jul. 1998, www.mre.gov.br/getec/webgetec/bila/22/indice.html.

[366] Segundo Luiz Olavo Baptista, o sistema de solução de controvérsias do Mercosul assenta muito mais na atuação diplomática do que na jurídica. *O Mercosul, suas instituições e ordenamento jurídico.* São Paulo: LTr, 1998, p. 151.

[367] Para aprofundamento do estudo sobre esse rito, ver João Grandino Rodas, "Avaliação da estrutura institucional definitiva do Mercosul". *Direito Comunitário do Mercosul. Op. Cit.,* p. 73; e Luiz Olavo Baptista," A solução de divergências no Mercosul" *Mercosul. Seus efeitos jurídicos, econômicos e políticos nos Estados-Membros. Op. cit.,* p. 157-186.

3) o Grupo Mercado comum pode rejeitar liminarmente a reclamação;

4) o Grupo ou a Comissão não a rejeitando, remete a reclamação a um grupo de especialistas e pronuncia-se sobre a demanda, de forma não vinculante, após o parecer destes especialistas ou;

5) não atendidas as recomendações do Grupo ou da Comissão, convoca-se a arbitragem.[368]

Tal sistema tardou em ser acionado, mas já o foi em três oportunidades.[369] Relativamente aos litígios entre os Estados-Membros, dois problemas estruturais se verificam:

a.o paralelismo entre o sistema de solução de controvérsias autônomo do Mercosul e o sistema da OMC;[370]

b.as limitações do sistema autônomo do Mercosul, advindas da complexidade do *itineris* previsto pelo Protocolo de Brasília e demais normas, impondo um procedimento longo e custoso até que se chegue à arbitragem.[371]

---

[368] Os dispositivos legais que regem a matéria são os artigos 25 a 32 do Protocolo de Brasília.

[369] Já foram pronunciados três laudos arbitrais através da convocação de Tribunais *ad hoc*, envolvendo em todos esses casos o Brasil e a Argentina: O primeiro, constituído pelos árbitros Dr. Juan Carlos Blanco (Uruguai-Presidente), Dr. Guilhermo Michelson Irusta (Argentina) e Dr. João Grandino Rodas (Brasil) acolheu parcialmente a reclamação da Argentina sobre os Comunicados 37/97 e 7/98, do Brasil, a respeito da exigência de licença automática ou não de produtos constantes da lista de Nomenclatura Comum do Mercosul, datado de 28.04.99. O segundo laudo, proferido pelo Tribunal Arbitral constituído pelos árbitros Dr. José Peirano Basso (Uruguai-Presidente), Dr. Atílio Aníbel Alterini (Argentina) e Luiz Olavo Baptista (Brasil), não acolheu a reclamação da Argentina sobre um conjunto de medidas governamentais que favorecia os exportadores brasileiros de carne de porco, mas recebeu a reclamação relativa ao Programa de Incentivo às exportações (PROEX), nele reconhecendo a existência de subsídios indevidos, sentença arbitral essa datada de 27.09.99. A terceira Corte Arbitral *ad hoc* foi constituída pelos árbitros Dr. Gary N. Horlick (Estados Unidos-Presidente), Dr. Raul Vinuesa (Argentina) e Dr. José Carlos Magalhães (Brasil), e apreciou a reclamação do Brasil a respeito da Res. 861/99 do Ministério da Economia e Obras e Serviços Públicos da Argentina sobre produtos têxteis, onde o Brasil foi vencedor na data de 10.03.2000. Para íntegra das decisões arbitrais, ver http://www.mercosur.org.uy/espanol/snor/normativa/LAUDOS.HTM.

[370] Para discutir este tema, ver Lilian Radünz. *A Solução de Controvérsias entre Estados Partes no Mercosul: o paralelismo entre o direito da integração e o direito da OMC.* Dissertação de Mestrado. Universidade Federal de Santa Maria, 2000.

[371] Ainda que se chegue à arbitragem, é abundante a doutrina que mostra a inadequação dessa forma de solução de controvérsias em matéria de direito da integração econômica. Além disso, quanto à arbitragem, de um modo geral, é sabido que "a qualidade da arbitragem depende da qualidade dos árbitros",

---

Cooperação Jurisdicional

A fragilidade do atual sistema de controvérsias frente à necessidade da uniformização da jurisprudência no Mercosul é manifesta, em que pesem opiniões em contrário, como a de Luiz Olavo Baptista.[372] Mesmo que o sistema venha a ser acionado, aqui são notadas novas deficiências como:

a) os efeitos dos laudos arbitrais não são *erga omnes*,[373] uma vez que se impõem somente aos Estados-Partes no litígio dificultando, assim, a construção de uma jurisprudência estável;

b) não garante a execução do julgado, podendo o Estado perdedor invocar a jurisdição de seu Estado, enfraquecendo ainda mais o sistema.[374]

No tocante aos litígios entre os particulares, apenas um dos laudos arbitrais já pronunciados originou-se numa reclamação de particular.[375]

Sob a ótica das reclamações dos particulares pode ser dito que:

a) o particular reclamante necessita que a Seção Nacional do Grupo Mercado Comum acolha a sua reclamação. Neste caso, ficará sujeito à decisão política, porque dependendo da natureza da reclamação, poderá ocasionar "choques" entre os Estados-Membros;[376]

b) o sistema prejudica o acesso dos particulares à solução prevista no próprio Protocolo, eis que reclamações de "menor" expressão podem não ser interessantes ao Estado do reclamante, com o que, negar-se-ia acesso à Justiça;

---

contudo, o instituto não permite, quando da execução forçada de um laudo arbitral, um novo exame do mérito da demanda, Yves Guyon, *L'arbitrage*. Paris: Economica, 1995, p. 10.

[372] O autor afirma: "a natureza jurídica das regras do Mercosul, o grau de integração alcançado e a eficácia do sistema – ora comprovada no caso, resolvido em fevereiro de 1997, da queixa da Fenapel contra o governo Argentino – mostram que o sistema muito tem a nos dar. Não se viram, ainda, sinais de sua incapacidade ou não-operacionalidade. O debate até agora tem sido meramente acadêmico, e totalmente desligado da realidade política e econômica do Mercosul". Solução de Divergências no Mercosul. *Op. cit.*, p. 178.

[373] Ver nota 369 sobre os três laudos arbitrais do Mercosul.

[374] Sobre o assunto, tratou Sidnei Agostinho Benetti. *In*: Sistema de solução de Controvérsias no Anexo III do tratado de Assunção e Protocolo de Brasília. *Op. cit.*, p. 130.Também, Carlixto A Armas Barea. *In*: Sistema de solution de controversias en el Mercosur e Adriana S. Dreysin de Klor. *In*: Sistema de solucion de controversias en el Mercosur, ambos publicados em *Mercosur: Balance e perspectivas*. Fundación de Cultura Universitária, 1996. p. 71-81 e 83-101, respectivamente.

[375] Trata-se do segundo laudo arbitral. *Op. cit.*

[376] A expressão é de Sidnei Agostinho Benetti. *Op. cit.*, p. 130.

c) o Protocolo não estabelece nenhum tipo de recurso para o particular na hipótese da Seção Nacional não a acolher ou na hipótese do Grupo Mercado comum rejeitá-la liminarmente.

Por outro lado, resta limitada a capacidade de ação do indivíduo contra os Estados-Membros, na exata medida em que fica jungido às vicissitudes do momento político, do conteúdo da sua reclamação e do interesse da Seção Nacional do Grupo Mercado Comum encampar seu reclamo.

Com efeito, neste quadro do sistema autônomo mercosulino, é patente que os particulares ficam à mercê da atitude assumida pelo Estado que assumiu sua demanda nas diferentes etapas do procedimento.[377]

Problemas de outra ordem também podem ser identificados. Haveria uma repetição, talvez de forma ainda mais grave, da problemática do acesso à Justiça dos particulares sob o ponto de vista do direito interno,[378] que podem ser delineados como:

a) complexidade das regras comuns do Mercosul;[379]

b) elevado custo dos processos, especialmente se a solução finalizar pela escolha da arbitragem, conforme prevêem os artigos 29 e 30 do Protocolo de Brasília;

c) ignorância das estruturas das instituições do Mercosul.

Quanto à arbitragem privada, parca é ainda a cultura da arbitragem no Brasil e, por outro lado, em nada resolve os problemas que se originam de atos praticados pelos Estados-Partes e pelas instituições comuns, eis que se limita aos negócios internacionais.

---

[377] Alejandro Perotti, "El segundo fallo arbitral del Mercosur o el amargo despertar de nuestro sistema de solución de controversias". In: *Revista de Derecho del Mercosur*, n. 2, abr. 2000, p. 144.

[378] A preocupação dos juristas com o acesso dos cidadãos à Justiça está presente nos mais variados ordenamentos jurídicos. Emblemática é a obra de Mauro Cappelletti e Bryant Garth, na qual anotam que o acesso à Justiça pode ser considerado como o requisito fundamental – o mais básico dos direitos humanos – de um sistema jurídico moderno e igualitário que pretenda garantir, e não apenas proclamar direitos de todos. Asseveram que são: 1) as custas elevadas; 2) a possibilidade das partes (2.1- recursos financeiros; 2.2- aptidão para reconhecer os direitos e propor uma ação); c) problemas com interesses difusos ou especiais, os principais entraves dos indivíduos à justiça. In: *Acesso à justiça* . Porto Alegre: Sérgio Antônio Fabris Editor, 1988, p. 12-29.

[379] Paulo Borba Casella, prefaciando a obra de Nádia de Araújo e outros dois juristas, bem coloca a questão do desconhecimento da tecitura legislativa do Mercosul e enfatiza: "Se a ignorância da lei ninguém escusa de seu cumprimento, há, contudo de se viabilizar esse conhecimento, para que possa efetivar a aplicação, o que por seu turno suscita indagações e perplexidade à parte". *Op. cit.*, p. 3.

Cooperação Jurisdicional

Logo, os particulares tendem a recorrer às jurisdições nacionais de cada Estado-Membro e nesse fato repousa a necessidade de ser garantida uma via eficaz de harmonização das decisões no tocante à aplicação das regras do Mercosul.

Ora, não existe no Protocolo de Brasília regra que preveja de que forma deverão ser solucionados os litígios entre particulares invocando regras mercosulinas. Ante a omissão, cabe aos juízes nacionais a resolução de tais conflitos, na exata medida em que, no atual estágio da integração no Mercosul, a estrutura institucional intergovernamental conduz a que as regras derivadas das suas instituições passem pelo sistema de recepção de leis da cada Estado-Membro, pelo menos no que diz com os sistemas constitucionais do Brasil e do Uruguai. Sendo assim, tais normas passarão a fazer parte do corpo legislativo da cada Estado, cabendo ao Poder Judiciário de cada um aplicá-las.

A propósito disso, a Constituição Federal brasileira, no artigo 5º, XXXV, preconiza que "a lei não excluirá da apreciação do Poder Judiciário lesão ou ameaça a direito". Se é assim, nada garante que tais decisões representem uniformidade de interpretação das leis oriundas do Mercosul. De todo o modo, estudos realizados apontam para o fato de que a invocação das regras mercosulinas ante a jurisdição nacional brasileira, por exemplo, ainda é acanhada[380] e redunda muito mais em discussões quanto à aplicabilidade dos Protocolos de Cooperação Interjurisdicional do que propriamente quanto ao direito material do Mercosul[381, 382]

Essa carência de casos envolvendo o "direito do Mercosul" é apontada por Nádia de Araújo como conseqüência:

a) da grande desinformação a respeito do tema pelos operadores do Direito;

---

[380] Orlando Celso da Silva Neto realizou estudo neste sentido. A aplicação do direito derivado do Mercosul pelo juiz nacional. *Op. cit.*, p. 525- 537.

[381] São eles: 1)Protocolo de Las Leñas, de 27. 07.1992; b) Protocolo de São Luiz, de 25.06.1996; c) Protocolo de Ouro Preto, de 17.12.1994; d) Protocolo de Buenos Aires, de 04-05.07.1994; e) Protocolo de São Luiz, de 25.06.1996. Demais protocolos foram descritos por Nádia de Araújo e Outros. *In: Código do Mercosul. Op. cit.*

[382] É o caso de importantes acórdãos do STF como aquele em que foi Relator o Min. Sepúlveda Pertence a respeito da possibilidade de homologação de sentença estrangeira através de Carta Rogatória, com base no Protocolo de Las Leñas (Carta Rogatória 7.618, República Argentina, 1998); e do Ministro Celso de Mello sobre o *itineris* de incorporação de tratado internacional na ordem brasileira, provocada pela invocação do protocolo de Medidas Cautelares do Mercosul (Carta Rogatória 9.279, República Argentina, 1998). Ver íntegra das decisões em www.stf.gov.br.

b) o alto custo de um processo transnacional;

c) incerteza quanto ao resultado – em face da desinformação do Judiciário quanto às questões especificamente comunitárias e quanto às especificidades dos litígios transnacionais;

d) demora dos processos judiciais no âmbito interno.[383]

De modo que, se a criação de um Tribunal Supranacional para o Mercosul depende da vontade política dos governantes dos Estados-Membros, de uma mudança de posição dos componentes das Cortes Supremas e da mudança do sistema de solução de controvérsias tal como posto no Protocolo de Brasília, o debate sobre a criação de órgãos alternativos que tenham por missão assegurar a uniformidade de aplicação das regras, como *conditio sine qua non* da evolução e aprimoramento da integração entre os países do Mercosul rumo à implantação de uma estrutura supranacional, não é sem sentido.

A bem de permitir a eficácia do reenvio prejudicial, entende-se que não seria necessário se criar um Tribunal supranacional nas feições do Tribunal de Justiça da União Européia.

Poderiam os Estados-Membros do Mercosul, então, nos moldes do que prevêem as Constituições Federais de alguns Estados-Membros da União Européia, através de Tratado Internacional estabelecer que leis internas deleguem poderes a determinadas autoridades ou instituições de Direito Internacional Público, a fim de que as mesmas, mediante reciprocidade dos demais Estados firmatários do Tratado, promovessem a cooperação e a ordem jurídica com vistas à integração, exercendo funções similares aos órgãos jurisdicionais dos Estados-Membros.

Podem ser elencados os seguintes países[384] cujas Constituições Federais apontam para essa possibilidade:

1) Bélgica;[385]

2) Dinamarca;[386]

---

[383] Solução de Controvérsias no Mercosul. *Revista Debates*. Fundação Konrad Adenauer. N. 14, 1997. *Apud* Sidnei Agostinho Benetti. *Op. cit.*, p 131.

[384] Deisy Ventura, na obra *A ordem jurídica do Mercosul. Op. cit.*, p. 143-154, é que forneceu esta preciosa informação através da citação de dispositivos das Constituições Federais dos Estados-Membros da União Européia na época.

[385] O artigo 34 da Constituição do Reino Belga estabelece: "O exercício de determinados poderes pode ser atribuído por *tratado ou por lei* a instituições de direito internacional público". (grifo da autora)

[386] A previsão está no artigo 20 da Constituição do Reino da Dinamarca: "1. As atribuições das quais são investidas as autoridades do reino, nos termos da presente Constituição, *podem ser delegadas por uma lei* e, numa medida a determi-

---

Cooperação Jurisdicional

3) Grécia;[387]
4) Luxemburgo[388] e
5) Holanda.[389]

Não se estaria trabalhando aqui, portanto, com a implantação de um Tribunal supranacional perfeito e acabado como o da União Européia. Contudo, um Tratado internacional entre os Estados-Membros do Mercosul poderia estabelecer que cada um, mediante lei interna, delegasse a um órgão a ser instituído, com componentes nacionais dos quatro países, competência para o julgamento dos reenvios prejudiciais oriundos das jurisdições nacionais, a fim de manter a uniformidade de interpretação e aplicação do direito originário e derivado do Mercosul.

No caso brasileiro, a propósito, necessária seria a mudança da Constituição Federal não para alterar a estrutura e competência do Superior Tribunal de Justiça como retrorreferido, mas para acrescentar ao teor do artigo 4º mais um parágrafo onde o Estado brasileiro admitiria que

"... uma lei poderia delegar e, numa medida a determinar, às autoridades em virtude de uma convenção precedida de acordo recíproco com outros Estados para promover a cooperação e a ordem jurídica internacional".[390]

O sucesso deste empreendimento, portanto, resulta da vontade política do Brasil e também da República do Uruguai em modificarem suas Cartas Constitucionais. Após, dependeria da vontade conjunta dos quatro países membros do Mercosul em firmarem Tratado internacional com o fim de instituírem um organismo que

---

nar, às autoridades em virtude de uma convenção precedida de uma acordo recíproco com outros Estados para promover a cooperação e a ordem internacional". (grifo da autora)

[387] O artigo 28, 2, preconiza: "2. Para servir a um interesse nacional importante e promover a colaboração com outros Estados, é possível reconhecer, por via de Tratado ou acordo, competências previstas pela Constituição a órgãos de organizações internacionais. Para a adoção de lei que ratifique este Tratado ou acordo, é necessária a maioria de três quintos do número total de deputados".

[388] O artigo 49 prevê: "O exercício de atribuições reservadas pela Constituição aos poderes legislativo, executivo e judiciário pode ser temporariamente transferido por tratado às instituições de direito internacional".

[389] A previsão está no artigo 92: "As competências legislativas, administrativas e judiciárias podem ser conferidas por um tratado, às organizações de direito internacional, sob reserva da observação, se necessário, das disposições do artigo 91, parágrafo 3".

[390] Nos moldes, por exemplo, da Constituição do Reino da Dinamarca.

tivesse por missão promover a uniformidade jurídica na aplicação das leis mercosulinas.

Só assim, o mecanismo do reenvio prejudicial serviria de agente transformador da integração do Mercosul e causador, inclusive, de repercussões políticas e sociais, tal como tem sido na Europa.

Se o objetivo do Mercosul é avançar às outras fases dos processos de integração entre países, é certo que o indivíduo estará ao centro da mesma, tal qual ocorreu na Europa. Resta, pois, às jurisdições nacionais, com todas as suas idiossincrasias, acolher as contendas dos cidadãos e solucionar conflitos nos moldes dos abordados neste tópico. Daí, a inegável necessidade de criar um mecanismo jurídico-processual que garanta aplicação uniforme das regras do ordenamento comunitário do Mercosul, a fim de que este possa evoluir. Este mecanismo é o reenvio prejudicial.

Por todo o exposto, vislumbra-se que a ciência processual e seus institutos projetam sobre novas realidades o mistério de sua necessidade,[391] servindo, como é da sua essência, de agentes responsáveis pela transformação e evolução da sociedade humana. Isto ocorre sob o signo da efetividade.

---

[391] A expressão é de Ítalo Andolina. *Op. cit.*, p. 69.

Cooperação Jurisdicional

Referências bibliográficas

ACCIOLY PINTO DE ALMEIDA, Elizabeth. Analisis de la genesis de un Mercado Comum del Sur: la supranacionalidade. *In: Direito & MERCOSUL*. Cursos de Pós-Graduação em Direito-UFPR. Curitiba, 1996, p. 69-78.

——. *Mercosul e União Européia: estrutura jurídico-institucional*. Curitiba: Juruá, 1996.

AGUIAR JÚNIOR, Ruy Rosado. Responsabilidade social e política dos juízes nas democracias modernas. *AJURIS*, n. 70, p. 19, jul. 1997.

ALMEIDA, Paulo Roberto de. Dilemas da Soberania no Mercosul: Supranacional ou Intergovernamental? *Anuário Direito e Globalização: A Soberania*. Rio de Janeiro: Renovar, 1999, p. 239-262.

——. *Mercosul, fundamentos e perspectivas*. São Paulo: LTr, 1998. 159p.

ANAIS DO IX CONGRESSO MUNDIAL DE DIREITO JUDICIÁRIO. Le ativisme du juge. Coimbra-Lisboa, 1991.

ANDOLINA, Italo. La cooperazione internazionale nel processo civile. Profile della esperienza europea: Verso um modelo de integrazione trans-nazionale. *Revista da processo*. Ano 22, n. 88, out./dez. 1997, pp.108-127.

——. O papel do processo na atuação do ordenamento constitucional e transnacional. *Revista de processo*. Ano 22, n. 87, jul./set. 1997, p. 63-69.

ARAÚJO CINTRA, Antônio Carlos; GRINOVER, Ada Pellegrini; DINAMARCO, Cândido. *Teoria Geral do processo*. 11. ed. São Paulo: Malheiros, 1995. 360 p.

ARAÚJO, Nádia de; MAGALHÃES MARQUES, Frederico V; MONTEIRO REIS, Márcio. *Código do Mercosul: Tratados e Legislação*. Rio de Janeiro: Renovar, 1998. 513 p.

——.*Contratos Internacionais: Autonomia da Vontade, Mercosul e Convenções Internacionais*. Rio de Janeiro: Renovar, 1997. 215 p.

——.Cooperação Interjurisdicional no MERCOSUL – Cartas Rogatórias, homologação de sentenças e laudos arbitrais e informação do direito estrangeiro. *In:* BASSO, Maristela (Org.) *MERCOSUL: Seus efeitos jurídicos, econômicos e políticos nos Estados-membros*. Porto Alegre: Livraria do Advogado, 1997, p. 489-519.

ARDENGHY, Roberto Furian. La supranacionalidad en las instituciones jurídicas del Mercosur: el caso de Brasil. *Temas del MERCOSUR*. Fundación Andina, n. 3, 1997, p. 57-58.

BACIGALUPO, Mariano. *La justicia comunitaria*. Madrid: Marcial Pons, 1995, 215p.

BAPTISTA DA SILVA, Ovídio Araújo; GOMES, Fábio Luiz. *Teoria Geral do Processo Civil*. São Paulo: RT, 1997. 346 p.

——. *Ação de Imissão de Posse*. 2. ed. São Paulo: RT, 1997. 231 p.

————. Curso de Processo Civil. 3. ed. v. 1. Porto Alegre: Sérgio Fabris, 1996. 479 p.

————. Jurisdição e execução na tradição romano-canônica. São Paulo: RT, 1996. 229 p.

————. Sentença e coisa julgada. 2. ed. Porto Alegre: Sérgio Fabris, 1988. 272 p.

BAPTISTA, Luiz Olavo; MERCADANTE, Araminta de Azevedo; CASELLA, Paulo Borba. Mercosul: das negociações à implantação. 2. ed. São Paulo: LTr, 1998. 437 p.

————.A solução de divergências no Mercosul. In: BASSO, Maristela (Org.) MERCO-SUL: Seus efeitos jurídicos, econômicos e políticos nos Estados-membros.Porto Alegre: Livraria do Advogado, 1997, p. 157-188.

————.Arbitragem e mediação no Mercosul. In: VENTURA, Deisy (Org.). Direito Comunitário do Mercosul. Porto Alegre: Livraria do Advogado, 1997, p. 105-118.

————. As instituições do Mercosul, comparação e prospectiva. O Mercosul em movimento. Série Integração Latino-Americana. Porto Alegre: Livraria do Advogado, 1995, p. 54-76.

————. Aspectos teóricos del sistema de solución de controversias en las instituciones de integración, con referencia al Mercosur. Temas del MERCOSUR.. Fundación Andina, n. 3, 1997, p. 31-45.

————. Sistemas para solução de Divergências nas Instituições de Integração e o Mercosul. Solução e Prevenção de Litígios Internacionais. In: MERCADANTE, Araminta de Azevedo (Coord). Porto Alegre: Livraria do Advogado, 1999, p. 435-468.

————. O MERCOSUL suas Instituições e Ordenamento Jurídico. São Paulo: LTr, 1998. 272 p.

BARAV, Ami; PHILIP, Christian. Dictionnaire juridique des Comunnautés européennes. Paris: PUF, 1993. 1180 p.

————. La plénitude de compétence du juge national em as qualité de juge communautaire. L'europe et le droit. Mélanges em hommage à Jean Boulouis. Paris: Dalloz, 1991, p. 3.

————. Renvói préjudiciel communautaire. Justice, n. 6, p. 1-14. abr./jun. 1997.

————. The reception of community law by the national legal systems. Cadernos de Direito Constitucional e Ciência Política São Paulo. n. 20, p. 7-18, jul./set. 1997.

BARBOSA MOREIRA, José Carlos. Questões prejudiciais e Coisa Julgada. Rio de Janeiro, 1967.

————. Comentários ao Código de Processo Civil. 6. ed. v. 5, Rio de Janeiro: Forense, 1993, p. 9.

BAREA, Calixto A. Armas, Sistema de solucion de controversias en el Mercosur. MERCOSUR: Balance y Perspectivas. Iv Encontro Internacional de Derecho para America del Sur. Fundacion de Cultura Universitaria, 1996, p. 71-80.

BASSO, Maristela. Perspectivas do Mercosul através de uma visão econômico-jurídica. Revista do CEJ- Centro de estudos Judiciários. n. 2, 1996, p. 42.

BASTOS, Celso Ribeiro. Curso de Direito Constitucional. São Paulo: Saraiva, 1994. 396 p.

————. Curso de Teoria do Estado e Ciência Política. 3. ed. São Paulo: Saraiva, 1995. 161p.

BAUER, Fritz. Da importância da dicção iura novit curia. Revista de Processo, n. 3, 1997, pp.169-177.

Cooperação Jurisdicional

BENETI, Sidnei. Sistema de solução de controvérsias no Anexo III do Tratado de Assunção e Protocolo de Brasília. *Revista de Processo*. Ano 25, n. 99, jul./set. 2000, p. 119-134.

BERGERÈS, Maurice-Chistian. *Contencioso Comunitário*.Tradução por: Evaristo Santos. Porto: Resjurídica. 380 p. Tradução de: Contentieux communautaire.

BERIZONCE, Roberto Omar. Armonización progressiva de los sistemas de justicia en America Latina. *Revista de Processo*. Ano 25, n. 99, jul./set. 2000, p. 135-140.

BIAVATI, Paolo; CARPI, Federico. *Diritto Processuale Comunitario*. Milão: Giuffrè Editore, 1994. 442 p.

BOBBIO, Norberto. *Estado, Governo, Sociedade. Para uma teoria geral da política*.Tradução por Marco Aurélio Nogueira. 4. ed. São Paulo: Paz e Terra, 1992. 173 p. Tradução de: Stato, governo, società. Per uma teoria generale della politica.

——. *O futuro da Democracia. Uma defesa das regras do jogo*. Tradução por Marco Aurélio Nogueira. 6. ed. São Paulo: Paz e Terra, 1997. 171 p. Tradução de: Il futuro della democracia. Uma difesa delle regole del gioco.

——. *Teoria do ordenamento jurídico*. Tradução por Maria Celeste Cordeiro Leite dos Santos. 7. ed. Brasília: UnB, 1996. 184 p. Tradução de: Teoria dell'ordinamento giuridico.

BOGGIANO, Antonio, Hacia el Desarrollo del Derecho Comunitário del MERCOSUR desde la Experiencia de la Union Europeia. *O MERCOSUL e a União Européia*. Faculdade de Direito. Curso de Estudos Europeus. Coimbra: Gráfica Coimbra, 1994, p. 49-102.

BOLZAN DE MORAIS, José Luis. As crises do Estado contemporâneo. *In: América Latina: Cidadania, Desenvolvimento e Estado*. Porto Alegre: Livraria do Advogado, 1996, p. 11-36.

——. *Do Direito Social aos Interesses Transindividuais*. Porto Alegre: Livraria do Advogado, 1996. 247 p.

——.A Justiça do Mercosul. In: VENTURA, Deisy (Org.). Direito Comunitário do Mercosul. Porto Alegre: Livraria do Advogado, 1997, p. 119-131.

——. Soberania, direitos humanos e ingerência: problemas fundamentais da ordem contemporânea. *O Mercosul em movimento*. Série Integração Latino-Americana. Porto Alegre: Livraria do Advogado, 1995, p. 130-150.

BONAVIDES, Paulo. *Ciência política*. 10. ed. São Paulo: Malheiros. 498 p.

BOULOIS, Jean; DARMON, Marco. *Contentieux communautaire*. Paris: Dalloz, 1997. 467 p.

——; CHEVALLIER, R. M., *Grands rêts de la Cour de Justice des Communautés Européenes*. Paris: Dalloz, 1988, Tomo I, p. 412.

BRANCO, Luizella Giardino B. *Sistema de Solução de Controvérsia no MERCOSUL*. São Paulo: LTr, 1997. 180 p.

BRUTAU. José Puig. A jurisprudência como fonte do direito. *Ajuris*. Porto Alegre: 1977, p. 237.

CACHAPUZ DE MEDEIROS, Antônio Paulo. *O Poder Legislativo e os Tratados Internacionais*. Porto Alegre: L&PM Editores, 1983. 203 p.

——. *O Poder de celebrar Tratados*. Porto Alegre: Sérgio Fabris, 1995. 624 p.

——. Tribunais supranacionais e aplicação do Direito Comunitário: aspectos positivos e negativos. *In:* VENTURA, Deisy (Org.). Direito Comunitário do Mercosul. Porto Alegre: Livraria do Advogado, 1997, p. 162-176.

CALMON DE PASSOS, José Joaquim. *Comentários ao Código de Processo Civil*. 6. ed. Rio de Janeiro: Forense, 1991, v. III. 567 p.

CAMINHA, Maria do Carmo Puccini. A questão da soberania e da supranacionalidade na Comunidade Européia e no Mercosul. *Revista de Derecho del Mercosur.* Buenos Aires: La Ley. n. 2, p. 105-118, abr. 2000.

CANOTILHO, J. J. Gomes. *Direito Constitucional*. 5. ed. Lisboa: Almedina, 1991. 1214 p.

CAPPELLETTI, Mauro; GARTH, Bryant. *Acesso à Justiça*. Tradução por: Ellen Gracie Northfleet. Porto Alegre: Sérgio Fabris, 1988. 168 p. Tradução de: Access to Justice: The Worlwide Movement to Make Rights Effective.

CASELLA, Paulo Borba. *Comunidade Européia e seu ordenamento jurídico*. São Paulo: LTr, 1994. 648 p.

——. *Direito Internacional: Vertente Jurídica da Globalização*. Porto Alegre: Síntese, 2000. 428 p.

——. *Direito Internacional: Vertente jurídica da globalização*. São Paulo: Síntese, 2000. 428 p.

——. Quais os fins da integração no MERCOSUL? *In: América Latina: Cidadania, Desenvolvimento e Estado*. Porto Alegre: Livraria do Advogado, 1996, p. 51-62.

CAVALLINI, Joël. *Le juge national du provisoire face au droit communautaire*. Bruxelas: Bruylant Bruxelles, 1995. 527 p.

CHRISTIANOS, Yassili. A Corte de Justiça das Comunidades Européias como Corte Constitucional. *In: Verbis*. Rio de Janeiro, n. 8, p. 8-10. jun./ago. 1997.

COELHO, Fábio Ulhoa. *Para entender Kelsen*. 2. ed. São Paulo: Max Limonad. 84 p.

COLE, Charles D. Precedente judicial – A experiência Americana. *Revista de processo.* Ano 23, n. 92. out./dez. 1998. p. 71-86.

COLOMER, Dámaso Ruiz-Jarabo. *El juez nacional como juez comunitário*. [S.I] Cuadernos, [199]. 202 p.

CORRÊA, Antônio. *MERCOSUL. Soluções de Conflitos pelos Juízes Brasileiros*. Porto Alegre: Sérgio Fabris, 1997. 304 p.

COSTA, Lígia Maura. Tribunal supranacional en el Mercosur. *Temas del MERCOSUR*. Fundación Andina, n. 3. 1997, p. 62-64.

——. Os tribunais supranacionais e a aplicação do Direito Comunitário: aspectos positivos e negativos. *In*: VENTURA, Deisy (Org.). Direito Comunitário do Mercosul. Porto Alegre: Livraria do Advogado, 1997, p. 177-187.

COUR DE JUSTICE DES COMMUNAUTÉS EUROPÉENNES. Statistiques judiciaires de la Cour de Justice 1999 (CJCE Est199.pdf).

COUTURE, Eduardo. *Introdução ao Processo Civil*. Tradução por: Mozart Victor Russomano. Rio de Janeiro: Forense, 1995. 76 p. Tradução de: Introducción al Estudio del Derecho procesal Civil.

CRETELLA JÚNIOR, José. *Elementos de Direito Constitucional*. São Paulo: RT. 243 p.

CRUZ E TUCCI, José Rogério. *A causa petendi no processo civil*. São Paulo: RT, 1993. 212 p.

D. RE. Edward. *"Stare Decisis"*. Tradução por: Ellen Gracie Northfleet. *AJURIS* Publicações Eletrônicas, n. 60 p. 106.

Cooperação Jurisdicional

DALLARI, Dalmo de Abreu. O Brasil e a Europa integrada. *O Mercosul em movimento.* Série Integração Latino-Americana. Porto Alegre: Livraria do Advogado, 1995, pp 117-129.

——. *O Poder dos Juízes.* São Paulo: Editora Saraiva, 1996. 163 p.

DALLARI, Pedro Bohomoletz de Abreu. O Mercosul perante o sistema constitucional brasileiro. *In*: BASSO, Maristela (Org.). *MERCOSUL: Seus efeitos jurídicos, econômicos e políticos nos Estados-membros.* Porto Alegre: Livraria do Advogado, 1997. p. 102-116.

——. *Constituição e Relações Exteriores.* São Paulo: Saraiva, 1994.

DAVID, René. *Os grandes sistemas de direito contemporâneo.* 3. ed. São Paulo: Martins Fontes, 1996.

DEHOUSSE, Renasud. *La Cour de Justice das Communautés Européennes.* Paris: Montchrestein, 1994, p. 12-20.

DINAMARCO, Cândido. *A instrumentalidade do processo.* 3. ed. São Paulo: Malheiros, 1993. 341 p.

DREYSIN DE KLOR, Adriana S., Sistema de solucion de controversias en el Mercosur. *MERCOSUR: Balance y Perspectivas. IV Encontro Internacional de Derecho para America del Sur.* Fundacion de Cultura Universitaria, 1996. p. 83-100.

DROMI, Roberto; EKMEKDJIAN, Miguel A.; RIVERA, Julio C. *Direito Comunitário: Regimen del Mercosul.* Buenos Aires: Ediciones Ciudad Argentina, 1995. 671 p.

EL MERCOSUR DESPUES DE OURO PRETO. Universidade Católica. Montevideo. n. 11.

ESTUDIOS MULTIDISCIPLINARIOS SOBRE EL MERCOSUR. Montevideo: Faculdade de Direito de la República, 1995. 388 p.

FABRÍCIO, Adroaldo Furtado. A prejudicialidade do Direito Comunitário nos Tribunais Supranacionais. *AJURIS.* n. 69, mar. 1997, p. 16-75.

FERRARI, Vicenzo. Sistemi giudiziari in perenne crisi. Riflessioni sul caso italiano. *ANUÁRIO DIREITO E GOLBALIZAÇÃO: A Soberania.* Rio de Janeiro: Renovar, 1999, p. 221-138.

FONTOURA, Jorge. A construção jurisprudencial do Direito Comunitário europeu. In: BASSO, Maristela (Org.). *MERCOSUL: Seus efeitos jurídicos, econômicos e políticos nos Estados-membros.* Porto Alegre: Livraria do Advogado, 1997, p. 89-101.

FRADERA, Vera Maria Jacob de. Os princípios gerais do Direito Comunitário. *AJURIS Publicação Especial.* Porto Alegre, nov. 1998, p. 17-30.

FRANCESCHINI DA ROSA, Luiz Fernando. *Mercosul e Função Judicial.* São Paulo: LTr, 1997. 207 p

GARCIA JÚNIOR, Armando Alvares. *Conflito entre Normas do Mercosul e Direito Interno Como resolver o problema? O Caso Brasileiro.* São Paulo: LTr, 1997. 245 p.

——. *Guia Prático do Mercosul.* São Paulo: LTr, 1999. 133p.

GODOY, Mario Aguirre. El proceso transnacional. *Revista de processo.* Ano 19, n. 75, jul./set. 1994, p. 142-156.

GRECO, Leonardo. *In*: VENTURA, Deisy (Org.). Direito Comunitário do Mercosul. Porto Alegre: Livraria do Advogado, 1997, p. 188-197.

——. Solución de controversias y seguridad en el Mercosur. *Temas del MERCOSUR.* Fundación Andina, n. 3, p. 150-152.

GRINOVER, Ada Pellegrini. Tutela jurisdicional nas obrigações de fazer e não fazer. *Revista de processo*. Ano 20, n. 79, jul./set. 1995, p. 65-76.

GUSMÃO CARNEIRO, Athos. Notas sobre a ação declaratória incidental. *AJURIS*: Publicações eletrônicas, 2. ed., v. 27, mar. 1983, p. 49.

GUYON, Yves. *L'Arbitrage*. Paris: Economica, 1995, p. 10.

HITTERS, Juan Carlos. Solucion de controversias en el ambito del Mercosur. Hacia un Direito Comunitario. *Revista de Processo*.São Paulo: RT, 1997, n. 87, p. 130-146.

INGE GOVAERE. The supranational Courts and the application of Community law: positive and negative aspects. *In*: VENTURA, Deisy (Org.). Direito Comunitário do Mercosul. Porto Alegre: Livraria do Advogado, 1997, p. 139-161.

JORNAL ESTADO DE MINAS. Reforma na Constituição. 22.09.96, p. 14.

JORNAL ZERO HORA. Criação de Tribunal provoca conflito. 19.09.96, p. 8.

KIRMSER, José Raul Torres. Sistema de solución de controversias en el ámbito del MERCOSUR. *AJURIS*: Publicação Especial. Porto Alegre, pp. 55-84.

LARENZ, Karl. *Metodologia da Ciência do Direito*.Tradução por: José Lamego. 3. ed. Lisboa: Fundação Calouste Gulbenkian, 1997. 727 p.

LAUREANO, Abel. *Quando é o Juiz Nacional obrigado a suscitar uma Questão Prejudicial ao Tribunal das Comunidades Européias?* Porto: ELCLA. 230 p.

LEWANDOWSKI, Enrique Ricardo. Direito Comunitário e Soberania. Algumas reflexões. *Revista Faculdade de Direito Universidade de São Paulo*. São Paulo, 1997, v. 92, p. 231-242.

LOBO, Maria Tereza Cárcomo. A ordem jurídica comunitária: O juiz nacional e o sistema de reenvio. *In: Verbis*. Rio de Janeiro, n. 8, p. 12-14. jun./ago. 1997.

LOBO, Maria Tereza Cárcomo. *Ordenamento jurídico comunitário*. Belo Horizonte: Del rey, 1997. 358 p.

LOUIS, Jean-Victor. *A ordem jurídica comunitária*. 5. ed. Bruxelas: Comissão Européia – Perspectivas Européias, 1993. 259 p.

MANIN, Philippe. *Les Communautes Europeennes: L'union Europeenne*. 5. ed. Paris: Pedone, 1999. 471 p.

MARINONI, Juiz Guilherme. *A antecipação da tutela na reforma do processo civil*. São Paulo: Malheiros, 1995. 124 p.

MARTINS, Eliane Maria Octaviano. *Direito Comunitário: União Européia e Mercosul*. Repertório IOB 3/15183. São Paulo, 1999, p. 38-41.

MELLO, Adriane Cláudia. Supranacionalidade e Intergovernabilidade no Mercosul. *In*: VENTURA, Deisy. ILHA, Adayr da Silva (Org.). *O Mercosul em movimento*. Porto Alegre: Livraria do Advogado, 1999, p. 15.

MELLO, Celso Albuquerque. A soberania através da história. *Anuário Direito e Golbalização: A Soberania*. Rio de Janeiro: Renovar, 1999, p. 7-22.

MERCADANTE, Araminta de Azevedo; MAGALHÃES, José Carlos de. *Solução e Prevenção de Litígios Internacionais*. Porto Alegre: Livraria do Advogado. v. 2, 1999. 552 p.

MERCOSUL ACORDOS E PROTOCOLOS NA ÁREA JURÍDICA. *Série* Integração Latino-Americana. Porto Alegre: Livraria do Advogado, 1996. 153 p.

MIRANDA, Pontes de. *Tratado das ações*. V. I. São Paulo: RT, 1970.

MOITINHO DE ALMEIDA, José Carlos. *O reenvio prejudicial perante o tribunal de justiça das comunidades européias*. [S.I]: Coimbra Editora, 1992. 76 p.

Cooperação Jurisdicional

MONIZ DE ARAGÃO, E. D. *Comentários ao Código de Processo Civil.* 7. ed. Rio de Janeiro: Forense, v. 2, 1991. 666 p.

MORELLO, Augusto Mário (Org.). *El MERCOSUR: Aspectos Institucionales y económicos.* La Plata: Libreria Editora Platense, 1993. 282 p.

MOTA DE CAMPOS, João. *Direito Comunitário.* 2. ed. Lisboa: Fundação Calouste, Gulbenkian, 3 v., v.2, 1988, p. 793.

MOTESQUIEU, Charles de Secondat. *O espírito das leis.* Tradução por: Cristina Murachco. São Paulo: Martins Fontes, 2000. 851 p. Tradução de: L'Esprit des Lois.

MOURA RAMOS, Rui Manuel Gens. *Das comunidades à União Européia.* 2. ed. Coimbra: Coimbra Editora, 1999. 405 p.

MOURÃO, Fernando Augusto Albuquerque. A problemática do MERCOSUL. *O MERCOSUL e a União Européia.* Faculdade de Direito. Curso de estudos europeus. Coimbra: Gráfica Coimbra, 1994, p. 19-44.

NERY JUNIOR, Nelson. *Princípios fundamentais: Teoria geral dos recursos.* 3. ed. São Paulo: RT, 1996.

OLIVEIRA, Odete Maria de. *União Européia Processos de Integração e Mutação.* Curitiba: Juruá, 1999. 485 p.

OSTERMIN, Peres. Princípios esenciales de un ordenamiento jurídico comunitário. *BILA-Boletim de Integração Latino-Americana.* Brasília: MRE, n. 8, p. 1-7, jan/mar.1993.

PALMA, Luis María. Solución de controversias en el Mercosur: actualidad y futuro? La necesidad de crear un Tribunal de justicia. *Temas del MERCOSUR...* Fundación Andina, n. 3, 1997, p. 99-121.

PEROTTI, Alejandro Daniel. *O segundo laudo arbitral do Mercosul ou o amargo despertar de nosso Sistema de Soluções de Controvérsias. Revista de Derecho del Mercosur.* Buenos Aires: La Ley. n. 2. abr., 2000, p. 121-144.

PESCATORE, Pierre. *Le droit de l'integration.* Genebra: Sijtthoff-Leiden, 1972.

PORTANOVA, Rui. *Princípios do processo civil.* Porto Alegre: Livraria do Advogado, 1995. 308 p.

PORTO, Sérgio Gilberto. Sobre classificação das ações, sentença e coisa julgada. *AJURIS* Publicações eletrônicas. n. 61, p. 48-62.

——. *Coisa julgada cível.* Rio de Janeiro: Aide, 1996. 131 p.

POTTES DE MELLO, Aynoré Roque. A aplicação do efeito vinculante/Súmula Vinculante no sistema de controle da constitucionalidade brasileiro: As PECs nºs 500/97 (PEC 54/96-SF) e E 517/. *AJURIS:* Publicações Eletrônicas. n. 72, p. 127-154.

QUADROS, Fausto de. *Direito das Comunidades Européias e Direito Internacional Público.* Reimpressão. Lisboa: Almedina, 1991. 541 p.

RANGEL, Vicente Marotta. Solução pacífica de controvérsias no MERCOSUL: estudo preliminar. *AJURIS:* Publicação Especial. Porto Alegre, p. 103-126.

REVISTA NEGÓCIOS. Um Tribunal para o Mercosul? n. 51, p. 24-25.

RIBEIRO, Marta Chantal da Cunha Machado. *Da responsabilidade do Estado pela violação do Direito Comunitário.* Coimbra: Almedina, 1996. 213 p.

RODAS, João Grandino (Org.). *Contratos Internacionais.* São Paulo: RT, 1985. 188p.

——. Avaliação da estrutura institucional definitiva do Mercosul. In: VENTURA, Deisy (Org.). Direito Comunitário do Mercosul. Porto Alegre: Livraria do Advogado, 1997, p. 65-75.

RODRIGUES, Horácio Wanderlei. Mercosul: alguns conceitos básicos necessários à sua compreensão. *In: Solução de Controvérsias no Mercosul.* Porto Alegre: Livraria do Advogado, 1997, p. 19-38.

SAAVEDRA, Modesto. Interpretación Judicial del derecho e democracia. *AJURIS:* Publicações eletrônicas. v. 68, nov. 1996, p. 299-312.

SABATTO, Luiz Roberto. O Mercosul e o Direito Comunitário. *Revista do Contro de Estudos Judiciários.* v. 6, Brasília, 1998, p. 123-129.

——.O Tribunal de Luxemburgo – A formação do Mercosul. *Revista dos Tribunais.* n. 717, São Paulo: RT, 1995, p. 56-61.

SAGGIO, Antonio. L'Activisme judiciaire dans l'espace communautaire: son rôle dans l'intégration européenne et ses limites. *O Direito Comunitário e a construção européia.* Boletim da Faculdade de Direito. Universidade de Coimbra. Coimbra: Coimbra Editora, 1999, p. 84-92.

SANSEVERINO, Paulo de Tarso Vieira. Metodologia de Interpretação no Direito Comparado, *AJURIS:* Publicações Eletrônicas, n. 64, p. 102-131.

SAURON, Jean Luc. *Droit et pratique du contentieux communautaire.* Paris: La documentacion Française, 1997. 180 p.

SCHAPOSNIK, Eduardo C. *As teorias da Integração e o Mercosul: Estratégias.* Florianópolis: Editora da UFSC, 1997. 250 p.

SEINTENFUS, Vera Maria P; De BONI, Luis A, (Coord). *Temas de Integração Latino-Americana.* Petrópolis: Vozes, 1990. 282 p.

SEITENFUS, Ricardo; VENTURA, Deisy. *Introdução ao Direito Internacional Público.* Porto Alegre: Livraria do Advogado, 1999. 224 p.

——. Ingerência: direito ou dever? *In: VENTURA, Deisy. *América latina, cidadania, desenvolvimento e estado.* Porto Alegre: Livraria do Advogado, 1996, p. 11-35.

——. *Manual das organizações internacionais.* Porto Alegre: Livraria do Advogado, 1997. 352 p.

——. *Para uma nova política externa brasileira.* Porto Alegre: Livraria do Advogado, 1994. 247 p.

——. *Direito Internacional Público.* Porto Alegre: Livraria do Advogado, 1999. 224p.

SILVA NETO, Orlando Celso da. A aplicação do Direito derivado do Mercosul e o juiz nacional. *Solução e Prevenção de Litígios Internacionais.* In: MERCADANTE, Araminta de Azevedo (Coord). Porto Alegre: Livraria do Advogado, 1999, p. 509-538.

SILVA, Roberto Luiz. *Direito Comunitário e da Integração.* Porto Alegre: Síntese, 1999. 192 p.

SIMON, Denys. Le système juridique communautaire. 2. ed. Paris: PUF, 1998. 578p.

SOUZA, Nelson Oscar de. A inconstitucionalidade. *AJURIS:* Publicações Eletrônicas, n. 70, jul. 1997, p. 125-154.

STERSI DOS SANTOS, Ricardo Soares. *Mercosul e Arbitragem Internacional Comercial Assuntos gerais e algumas possibilidades.* Belo Horizonte: Del Rey, 1998. 240 p.

STRENGER, Irineu. *Contratos Internacionais do Comércio.* São Paulo: RT, 1986. 439p.

Cooperação Jurisdicional

THORSTENSEN, Vera, *Tudo sobre a Comunidade Européia*. São Paulo: Editora Brasiliense, 1992. 285 p.

TOUFFAIT, Adolphe. Réflexions d'um magistrat français sur son experiénce de juge a la cour de justice des communautés européennes. *Revue International de droit comparé*. n. 2, abr./jun. 1983.

TRATADOS DA UNIÃO EUROPÉIA. Revistos pelo Tratado de Amsterdão. Lisboa: Universidade Autônoma de Lisboa, [1999]. 201 p.

TUCCI, José Rogério Cruz e. *A causa petendi no processo civil*. São Paulo: RT, 1993. 212 p.

UNIÃO EUROPÉIA. http://europa.eu.int

VENTURA, Deisy (Org). Direito Comunitário *do Mercosul*. Porto Alegre: Livraria do Advogado, 1997. 336 p.

——. *O Mercosul em movimento*. Porto Alegre: Livraria do Advogado, 1995. 173 p.

——. Os negociadores brasileiros no MERCOSUL. O caso da indústria automotiva. *O Mercosul em movimento*. Série Integração Latino-Americana. Porto Alegre: Livraria do Advogado, 1995, p. 75-100.

—— e ALQUIÉ, Philip. *O euro e as relações exteriores da Europa*. RBPI, Ano 41, n. 1, Brasília: 1998.

—— e ILHA, Adayr da Silva, (Orgs.)*O Mercosul em movimento II*. Porto Alegre: Livraria do Advogado, 1999. 343 p.

VERDE, Giovanni. Um processso comune per l'Europe: Strumenti e prospective. *Revista de processo*. Ano 21, n. 82, abr./jun.1996, p. 228-240.

VIANA SANTOS. Antônio Carlos. Tribunal de Justiça Supranacional do MERCOSUL. *AJURIS:* Publicação Especial. Porto Alegre, p. 195-210.

VIGO. Rodolfo Luiz. Razones eticas para la creación del Tribunal del MERCOSUR. *AJURIS:* Publicação Especial. Porto Alegre, p. 94-102.

VILAÇA, José Luís da Cruz. A evolução do sistema jurisdicional comunitário: Antes e depois de Maastricht. *O Direito Comunitário e a construção européia*. Boletim da Faculdade de Direito. Universidade de Coimbra. Coimbra: Coimbra Editora, 1999, p. 17-50.

ZIMMER JÚNIOR, Aloísio. *A recuperação da noção de Thelos para o processo*. In: ÁLVARO DE OLIVEIRA, Carlos Alberto (Org.) Elementos para uma nova Teoria Geral do Processo. Porto Alegre: Livraria do Advogado, 1997, p. 24-39.

Referências Eletrônicas

http://europa.eu.int - União Européia.

http://www.mercosur.org.uy/snor - Secretaria Administrativa do Mercosul – SAM.

http://www.mre.gov.br/getec/WEBGETEC/BILA/22/Indice.html – Conselho Mercado Comum – B.I.L.A.

http://www.mercosur.org.uy/espanol/snor/normativa/LAUDOS.HTM

http://www.stf.gov.br